Takaaki Musha

Cząsteczki nadświetlne i hiperkomputacja

Takaaki Musha

Cząsteczki nadświetlne i hiperkomputacja

Teoria i jej zastosowania w nauce i technologii mózgu

Wydawnictwo Bezkresy Wiedzy

Cover image: www.ingimage.com

Publisher:
Wydawnictwo Bezkresy Wiedzy
is a trademark of
International Book Market Service Ltd., member of OmniScriptum Publishing Group
17 Meldrum Street, Beau Bassin 71504, Mauritius

Printed at: see last page
ISBN: 978-620-0-81746-4

Cząsteczki nadświetlne i Hiperkomputacja Teoria i jej zastosowanie do nauki o mózgu & Technologia

Taaki Musha

Spis treści

Przedmowa

Cząstka tachionowa lub nadluminalna to hipotetyczna cząstka, która zawsze porusza się szybciej niż światło. Po raz pierwszy nazwana przez Geralda Feinberga, tachion może być kwantem pola kwantowego o ujemnej masie kwadratowej. Pomimo teoretycznych argumentów przeciwko istnieniu cząstek szybszych od światła i serii eksperymentów prowadzonych w celu ich poszukiwania, do tej pory ich istnienie nie zostało ani udowodnione, ani obalone. W książce tej autor opisuje serię teoretycznych badań badających możliwość istnienia cząstek nadświetlnych, a jeśli tak, to konsekwencje ich istnienia dla biologii i obliczeń.

W pierwszym rozdziale dokonano przeglądu tła i historii istnienia tachionów lub cząstek nadświetlnych. Drugi rozdział dotyczy matematycznych podstaw do wyjaśnienia możliwości tunelowania przez fotokomórkę, a także przedstawia podobne wyniki doświadczalne dla neutrin.

W rozdziale trzecim zbadano możliwość stworzenia hiperkomputera poprzez wykorzystanie właściwości cząstek nadświetlnych. Jeśli możliwe jest wykorzystanie tachionów do obliczeń, można wykazać, że możliwe jest przeprowadzenie nieskończonej liczby kroków obliczeniowych w określonym czasie. W rozdziale czwartym zbadano możliwość przeprowadzenia obliczeń kwantowych w neuronach mózgu biologicznego, wyjaśniając świadomość w kontekście obliczeń kwantowych, wykonywanych przez kwantowe fotony koherentne tunelujące przez błony w sposób przypominający komputery z pułapkami jonowymi.

Rozdział piąty odnosi pamięć holograficzną do struktur mikrotubulowych, które mogą funkcjonować jako metamateriały w ludzkim mózgu.

W rozdziale szóstym zbadano superkoherentne mechanizmy wynikające z właściwości pola tachionowego. Ponieważ tachiony nie mogą być zlokalizowane w skończonej przestrzeni, pole tachionowe, które może powstać wewnątrz mózgu, poprzez mechanizmy opisane w poprzednich rozdziałach, może mieć zdolność do wywierania wpływu w przestrzeni poza mózgiem. Jeśli jest to dokładne, oznacza to, że mózg może mieć zdolność do funkcjonowania jako makroskopijny kwantowy system dynamiki, medytując dalekosiężne korelacje fizyczne.

Rozdział siódmy opisuje Hipotezę Superluminalnego Wszechświata w formie zaproponowanej przez Prof. Dutheila, a ostatni rozdział zawiera wnioski, jakie można wyciągnąć na tym wczesnym etapie badań.

Wychodząc z punktu widzenia modelu mózgu opartego na superluminalnym tunelujących fotonach, autor zawarty w tym tomie opisał teoretycznie możliwości komputera przypominającego mózg, który byłby potężniejszy od maszyn Turynga, pozwalałby na nietrwałe obliczenia i mógłby posiadać klucz do powstania samej ludzkiej świadomości, zgodnie z hipotezą Dutheila.

Hiperkomputery oparte na tych koncepcjach mogą kiedyś mieć zdolność do obliczania w inny sposób statystycznie niekompatybilnych funkcji z mocą indukcyjną i predykcyjną, obecnie niewyobrażalną.

Taaki Musha

Podziękowania

Autor docenia Prof. Mario Pinheiro z IST, Lisbon w Portugalii, Grant Hayman z OVAL Space Technologies w Kanadzie oraz Gary Stephenson z Seculine Consulting w USA za ich pomoc i sugest,co znacznie poprawiło tę książkę.

Rozdział.1

Wprowadzenie

1.1 Co to jest Tachyon?

Cząstka tachionowa (lub tachionowa) to hipotetyczna cząstka, która zawsze porusza się szybciej niż prędkość światła. Słowo to pochodzi z języka greckiego: *tachyon*, co oznacza "szybki, szybki, szybki" i zostało stworzone przez Geralda Feinberga [1]. Większość fizyków uważa, że cząsteczki szybsze od światła (FTL) nie mogą istnieć, ponieważ nie są zgodne ze znanymi prawami fizyki.

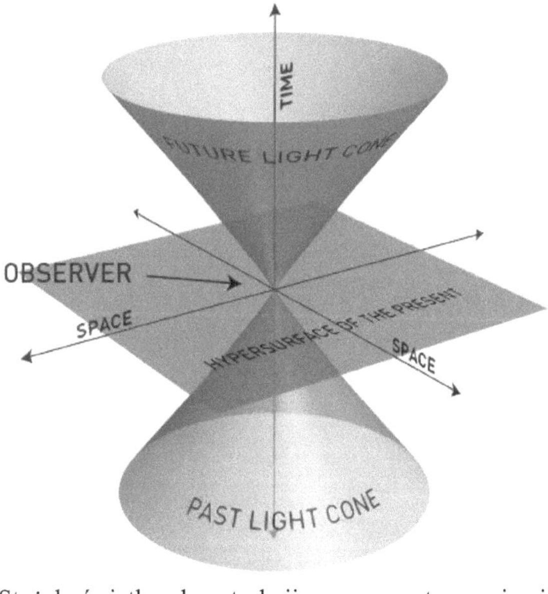

Rys.1 Stożek świetlny konstrukcji czasoprzestrzennej. zjawisko szybsze od światła to
na zewnątrz stożka.

Gdyby takie cząstki istniały, mogłyby zostać użyte do budowy tachionowego antytelefonu i wysyłania sygnałów szybciej niż światło, co (zgodnie ze szczególną teorią względności) prowadziłoby do naruszenia przyczynowości.

Potencjalnie spójne teorie, które pozwalają na cząsteczki szybsze od światła, obejmują te, które łamią inwariację Lorentza, symetrię leżącą u podstaw specjalnej teorii względności, tak aby prędkość światła nie stanowiła bariery.

Feinberg zaznaczył w swoim artykule [1], że większa od lekkiej prędkość stwarza problemy przyczynowości. Gdybyśmy mogli ustawić się jako obserwatorzy we wszechświecie nadświetlnym, doświadczylibyśmy zjawiska inwersji czasowej, w którym obserwowalibyśmy zniszczenie tachionu przed jego powstaniem. Innymi słowy, obserwowalibyśmy efekt przed przyczyną.

1.2 Teoria Kwantowa i Tachyon

W teorii pola kwantowego tachion jest kwantem pola - zwykle jest to pole skalarne - którego kwadratowa masa jest ujemna. Istnienie takiej cząstki oznacza niestabilność próżni czasoprzestrzennej, ponieważ energia próżni ma wartość maksymalną, a nie minimalną. Tachiony powstają w wielu wersjach teorii strun. Ogólnie rzecz biorąc, teoria ciągów stwierdza, że to, co widzimy jako "cząstki" - elektrony, fotony, grawitony i tak dalej - są w rzeczywistości różnymi stanami wibracyjnymi tego samego podstawowego ciągu. Masę cząstki można wywnioskować z drgań, jakie wykazuje ta struna; z grubsza, masa zależy od "nuty", jaką ta struna brzmi. Tachiony często pojawiają się w spektrum dopuszczalnych stanów strun, w tym sensie, że niektóre stany mają ujemną masę-krotność masy, a więc masy urojone.

Z bosonicznego arkusza sznurka świat-działanie podane przez

$$S=\frac{1}{4\pi\alpha'}\int d^2\sigma\sqrt{-g}g^{ab}\partial_a X^{\mu}\partial_b X_{\mu} \quad , \qquad (1.1)$$

widmo łańcuchów bosonicznych zawiera tryb tachionowy dla otwartych łańcuchów pokazany jako [2]

$$m^2=-\frac{1}{\alpha'} \ , \ 0 \ , \frac{1}{\alpha'} \ , \frac{2}{\alpha'}, \ldots \quad , \qquad (1.2)$$

która pozwala na istnienie negatywnej energii, co prowadzi do niestabilności próżni. Oznacza to, że tachion jest niestabilną cząstką, która może pojawić się na krótki okres czasu w pustej przestrzeni.

Równania Einsteina o specjalnej względności postulują, że prędkość światła w próżni jest niezmienna w ramach inercyjnych. Oznacza to, że będzie ona taka sama z każdej ramy odniesienia poruszającej się ze stałą prędkością. Równania te nie określają żadnej konkretnej wartości dla prędkości światła, która jest doświadczalnie określoną wielkością dla stałej jednostki długości. Od 1983 r. jednostkę długości SI określa się za pomocą prędkości światła.

Eksperymentalne oznaczenie zostało przeprowadzone w próżni. Jednak próżnia, którą znamy, nie jest jedyną możliwą próżnią, która może istnieć. Próżnia ma związaną z nią energię, niespodziewanie nazywaną energią próżni. Ta energia próżni może być zmieniona w niektórych przypadkach. Kiedy energia próżni jest obniżona, przewiduje się, że światło samo w sobie będzie chodziło szybciej niż standardowa wartość c. Jest to znane jako efekt Scharnhorsta [3]. Próżnia taka może być wytworzona przez zebranie dwóch idealnie gładkich płyt metalowych w odstępie zbliżonym do średnicy atomowej. Obliczenia sugerują, że światło w takiej próżni będzie poruszać się szybciej o maleńką ilość: foton poruszający się pomiędzy dwoma płytami oddalonymi od siebie o 1 mikrometr zwiększyłby prędkość fotonu tylko o około jedną część w 1036 roku. W związku z tym do tej pory nie przeprowadzono eksperymentalnej weryfikacji tej prognozy. Niedawno przeprowadzona analiza wykazała, że efektu Scharnhorsta nie można wykorzystać do wysyłania informacji w czasie do tyłu za pomocą jednego zestawu płytek, ponieważ ramka spoczynkowa płytek określałaby "preferowaną ramkę" dla sygnalizacji FTL. Jednak przy wielu parach płytek będących w ruchu względem siebie zauważono, że nie mają one żadnych argumentów, które mogłyby "zagwarantować całkowity brak naruszeń przyczynowości", i powołał się na spekulatywną chronologię ochrony Hawkinga, która sugeruje, "e pętle sprzężenia zwrotnego wirtualnych cząstek stworzyłyby "niekontrolowane osobliwości w zreformowanej kwantowej energii naprę"enia-energii" na granicy jakiejkolwiek potencjalnej maszyny czasu, a zatem wymagałyby teorii kwantowej grawitacji do pełnej analizy. Inni autorzy argumentują, że oryginalna analiza Scharnhorsta, która zdawała się wskazywać na możliwość szybszych niż c sygnałów, zawierała przybliżenia, które mogą być błędne, tak więc nie jest jasne, czy efekt ten mógłby w ogóle zwiększyć prędkość sygnału.

1.3 Eksperymenty mające na celu potwierdzenie Zjawisk Nadświatłowych

Raymond Y. Chiao jako pierwszy zmierzył kwantowy czas tunelowania, który okazał się być od 1,5 do 1,7 razy większy od prędkości światła [4].
Fizycy Günter Nimtz i Alfons Stahlhofen z Uniwersytetu w Kolonii twierdzą, że eksperymentalnie naruszyli względność, przesyłając fotony szybciej niż prędkość światła [5]. Mówią, że przeprowadzili eksperyment, w którym mikrofalowe fotony - relatywnie niskoenergetyczne pakiety światła przemieszczały się "błyskawicznie" pomiędzy parą pryzmatów, które zostały przesunięte w odległości do 1 m od siebie. Ich eksperyment obejmował zjawisko optyczne znane jako "tryby ulotne" i twierdzą, że ponieważ tryby ulotne mają urojoną liczbę fal, stanowią one "matematyczną analogię" do tunelowania kwantowego. Nimtz twierdził również, że "tryby ewazyjne nie są w pełni możliwe do opisania za pomocą równań Maxwella, a mechanika kwantowa musi być brana pod uwagę". Inni naukowcy, tacy jak Herbert G. Winful i Robert Helling, twierdzili, że w rzeczywistości nie ma nic kwantowo-mechanicznego w eksperymentach Nimtza i że wyniki można w pełni przewidzieć za pomocą równań klasycznego elektromagnetyzmu (równania Maxwella). Nimtz powiedział magazynowi New Scientist: "Na razie jest to jedyne naruszenie szczególnej względności, o której wiem." Jednak inni fizycy twierdzą, że zjawisko to nie pozwala na przekazywanie informacji szybciej niż światło. A. Steinberg, ekspert w dziedzinie optyki kwantowej na Uniwersytecie w Toronto w Kanadzie, wykorzystuje analogię pociągu jadącego z Chicago do Nowego Jorku, ale wysiadającego z wagonów na każdej stacji po drodze, tak że środek wciąż kurczącego się głównego pociągu porusza się do przodu na każdym przystanku; w ten sposób prędkość środka pociągu przekracza prędkość któregokolwiek z poszczególnych wagonów. Herbert G. Winful twierdzi, że analogia do pociągu jest wariantem "argumentu przemodelowania" dla nadświetlnych prędkości tunelu, ale dalej mówi, że argument ten nie jest w rzeczywistości poparty eksperymentem lub symulacjami, które faktycznie pokazują, że transmitowany impuls ma taką samą długość i kształt jak impuls incydentalny. Zamiast tego Winful argumentuje, że grupowe opóźnienie tunelowania nie jest w rzeczywistości czasem przejścia impulsu (którego długość przestrzenna musi być większa niż długość bariery, aby jego widmo było wystarczająco wąskie, aby umożliwić tunelowanie), ale jest to czas życia

energii zgromadzonej w fali stojącej, która tworzy się wewnątrz bariery. Ponieważ energia zmagazynowana w barierze jest mniejsza niż energia zmagazynowana w obszarze bezbarierowym o tej samej długości z powodu destrukcyjnych zakłóceń, opóźnienie grupowe dla energii wydostania się z obszaru bariery jest krótsze niż w wolnej przestrzeni, co według Winfula jest wyjaśnieniem dla pozornie nadświetlnego tunelowania.

Wielu autorów opublikowało prace kwestionujące twierdzenie Nimtza, że jego eksperymenty naruszają przyczynowość Einsteina, a w literaturze przedmiotu znajduje się wiele innych prac omawiających, dlaczego tunelowanie kwantowe nie jest uważane za naruszanie przyczynowości.

Później grupa Keller w Szwajcarii twierdziła, że tunelowanie cząsteczek rzeczywiście odbywa się w czasie rzeczywistym w czasie zerowym. Ich testy dotyczyły tunelowania elektronów, gdzie grupa twierdziła, że relatywistyczna prognoza czasu tunelowania powinna wynosić 500-600 atosekund. Wszystko, co można było zmierzyć to 24 atosekundy, co stanowi granicę dokładności testu [6]. Ponownie jednak, inni fizycy uważają, że eksperymenty tunelowania, w których cząstki wydają się spędzać anormalnie krótki czas wewnątrz bariery, są w rzeczywistości w pełni zgodne ze specjalną teorią względności, chociaż nie ma zgody co do tego, czy wyjaśnienie obejmuje przekształcenie pakietu falowego, czy też inne efekty.

Ostatnio grupa fizyków pracuje nad pomiarem neutrin generowanych z akceleratora cząstek w CERN [7]. Grupa ta odkryła neutrina przybywające szybciej niż można by się było spodziewać i wydaje się, że podróżują one szybciej niż samo światło, ale nie wyciągnęła ostatecznych wniosków. W eksperymencie neutrina są generowane w akceleratorze cząstek Super Proton Synchrotron (SPS) w kompleksie LHC CERN w Genewie, a następnie przyspieszane w dół 1-kilometrowej linii wiązki w kierunku Gran Sasso National Laboratory we Włoszech. W Gran Sasso detektor o nazwie OPERA mierzy neutrina. Odległość z CERN-u do Gran Sasso wynosi 732 km prosto przez Ziemię, podróżując do 11,4 km pod powierzchnią Ziemi.

Prędkość neutrin jest mierzona i porównywana z prędkością światła poprzez odjęcie oczekiwanego czasu na pokonanie przez światło odległości od czasu na pokonanie przez neutrina tej samej odległości. Zazwyczaj oczekuje się, że będzie to wartość zerowa dla neutrin poruszających się z prędkością światła lub ujemna dla każdej wartości poniżej prędkości światła. Przypadek przedstawiony w artykule pokazuje wartość dodatnią wynoszącą 60,7 nanosekund z błędami statystycznymi i systematycznymi, które nie dają prawie wystarczającej potencjalnej różnicy, aby uwzględnić wartość dodatnią. Wniosek, jaki można wyciągnąć z tego artykułu jest taki, że grupa eksperymentatorów znalazła nieoczekiwany wynik przy użyciu jednych z najbardziej niesamowitych i precyzyjnych instrumentów i technik, jakie kiedykolwiek stworzono. Bez względu na to, co okaże się być faktyczną przyczyną tej 60,7 nanosekundowej wariacji, wniosek, jaki można wyciągnąć, jest taki, że jest to niesamowity czas w historii, w którym można dokonać takich pomiarów i ekscytujący czas na bycie praktykującym lub wielbicielem nauki. Pozostała masa neutrin została przyjęta jako zero. Jednak ostatnie pomiary na neutrinach elektronowych sugerują, że mogą one mieć wyimaginowaną masę spoczynkową [8-12]. Oznacza to, że są to cząstki szybsze od światła (FTL), które G. Feinberg nazwał tachionami. Celem tej książki jest zbadanie możliwości emitowania neutrin elektronowych z jądra atomowego jako tachionów.

E. Recami twierdził w swoim referacie [13], że tunelowanie fotonów podróżujących w trybie evanescent może poruszać się z nadświetlną prędkością grupy wewnątrz bariery. S. Chu i S. Wong w AT&T Bell Labs mierzyli prędkości superluminalną dla światła poruszającego się w materiale pochłaniającym [14]. Ponadto Steinberg, Kwait i Chiao zmierzyli czas tunelowania dla światła widzialnego przez filtr optyczny składający się z wielowarstwowej powłoki o grubości około 10^{-6} m. Wyniki pomiarów przeprowadzonych przez Steinberga i współpracowników wykazały, że fotony zdawały się podróżować z prędkością 1,7 raza większą od prędkości światła [15]. Ostatnie eksperymenty optyczne w Princeton NEC potwierdziły, że propagacja impulsów nadświetlnych może występować w mediach przezroczystych.

W kolejnych rozdziałach omawiamy teorię i jej zastosowanie przy założeniu istnienia cząsteczek nadluminescencyjnych zwanych tachionem.

Rozdział.2

Ewentualne istnienie świata nadświetlnego poza barierą światła

Tachyon lub cząstka tachionowa to hipotetyczna cząstka, która zawsze porusza się szybciej niż światło. Tachyon definiuje się jako "hipotetyczną cząstkę subatomową, która porusza się szybciej niż światło i ma wyimaginowaną masę". Zgodnie z teorią względności Einsteina, żadne ciało materialne ani cząstka nie może osiągnąć i przekroczyć prędkości światła w próżni.

Większość fizyków uważa, że szybsze od lekkich cząstek nie mogą istnieć, ponieważ nie są one zgodne ze znanymi prawami fizyki. Gdyby takie cząstki istniały, mogłyby wysyłać sygnały szybciej niż światło, co (zgodnie ze szczególną względnością) prowadziłoby do naruszenia przyczynowości. Potencjalnie spójne teorie, które pozwalają na istnienie cząstek szybszych od światła, obejmują te, które łamią inwariację Lorentza, symetrię leżącą u podstaw specjalnej teorii względności, tak że prędkość światła nie jest barierą. Jednak w 1960 roku amerykańscy fizycy G. Feinberg i S. Sudarshan pokazali możliwe istnienie cząstek nadluminescencyjnych poruszających się szybciej niż prędkość światła, które miały rzeczywistą energię i pęd [1]. W artykule z 1967 roku, który uformował to określenie, Feinberg zaproponował, że cząstki tachionowe mogą być kwantami pola kwantowego o ujemnej masie kwadratowej. Wkrótce jednak okazało się, że wzbudzenia takich wyimaginowanych pól masowych w rzeczywistości nie rozprzestrzeniają się szybciej niż światło i zamiast tego reprezentują niestabilność znaną jako kondensacja tachionowa. Niemniej jednak, ujemne kwadratowe pola masowe są powszechnie nazywane "tachionami" i w rzeczywistości odgrywają ważną rolę we współczesnej fizyce.

Pomimo teoretycznych argumentów przeciwko istnieniu cząstek szybszych od lekkich, przeprowadzono eksperymenty w celu ich poszukiwania [2-4], ale ich istnienie nie zostało potwierdzone przez eksperymenty.

Istnieje jednak możliwość, że wysoko przyspieszone cząstki mają możliwość przeniknięcia przez barierę świetlną w skończonym czasie [5].

2.1 Możliwość przenoszenia wysoko przyspieszonych cząstek stałych do tunelu przez barierę świetlną

Zgodnie z teorią pola kwantowego, fotony stają się nośnikami masy przez mechanizm Higgsa z równania Kleina-Gordona podanego przez

$$i\hbar\frac{\partial\psi}{\partial t} = H\psi \quad , \qquad (2.1)$$

gdzie $H = \sqrt{p^2c^2 + M^2c^4}$, ψ jest funkcją falową fotonu tunelującego, M jest jego masą efektywną, jest c prędkością światła i $\hbar$ jest stałą Plancka podzieloną przez 2π.

Ze szczególnej względności Einsteina równanie energetyczno-momentum jest podane przez

$$E^2 = (pc)^2 + (Mc^2)^2 \quad , \qquad (2.2)$$

gdzie E jest energia ulotnego fotonu, p jest jego pędem i M jest masą cząstki.

Od $p = M\alpha t$ [6], gdzie α jest odpowiednie przyspieszenie, mamy $\partial p / \partial t = M\alpha$.

Następnie równanie falowe można opisać jako

$$\frac{\partial\psi}{\partial p} = -\frac{i}{M\alpha\hbar}\sqrt{p^2c^2 + M^2c^4}\,\psi \quad . \qquad (2.3)$$

Integrując Eq.(2.3), mamy

$$\int\frac{d\psi}{\psi} = -i\frac{c}{M\alpha\hbar}\int\sqrt{p^2 + M^2c^2}\,dp \quad , \qquad (2.4)$$

od którego otrzymujemy

$$\psi = C\cdot\exp\left[-i\frac{c}{2M\alpha\hbar}\left(p\sqrt{p^2 + M^2c^2} + M^2c^2\log(p + \sqrt{p^2 + M^2c^2})\right)\right], \quad (2.5)$$

gdzie C jest arbitralna stała.

Dla prędkości podprogowej $(v < c)$, mamy

$$\psi = C \cdot \exp\left[-i\frac{m_0 c^3}{2\alpha\hbar}\left(\frac{cv}{c^2 - v^2} + \log(m_0 c) + \frac{1}{2}\log\left(\frac{c+v}{c-v}\right)\right)\right], \qquad (2.6)$$

uzyskane poprzez zastąpienie $p = \frac{m_0 v}{\sqrt{1 - v^2/c^2}}$, oraz $M = m_0$.

Z równania energii podanego przez

$$E = \frac{m_0 c^2}{\sqrt{1 - v^2/c^2}}, \qquad (2.7)$$

możemy przepisać Eq.2.6 pod formularzem

$$\psi = C \cdot \exp\left[-i\frac{Ec}{2\alpha\hbar}\sqrt{1-\beta^2}\left(\frac{\beta}{1-\beta^2} + \log(E/c) + \log(1+\beta)\right)\right], \qquad (2.8)$$

gdzie $\beta = v/c$.

Dla superluminalnej prędkości ($v > c$), mamy

$$\psi^* = C \cdot \exp\left[-\frac{m_* c^3}{2\alpha\hbar}\left(\frac{cv}{v^2 - c^2} - \log(m_* c) - \frac{1}{2}\log\left(\frac{v+c}{v-c}\right)\right)\right]. \qquad (2.9)$$

Teraz używamy zamiast tego złożonych równań, $p = \frac{m_0 v}{\sqrt{v^2/c^2 - 1}}$ a $M = im_*$ gdzie jest m_* bezwzględna wartość masy właściwej tachionu.

Z równania energii podanego przez

$$E = \frac{m_* c^2}{\sqrt{v^2/c^2 - 1}}, \qquad (2.10)$$

uzyskujemy funkcję fali dla prędkości superluminescencyjnych:

$$\psi^* = C \cdot \exp\left[-\frac{Ec}{2\alpha\hbar}\sqrt{\beta^2 - 1}\left(\frac{\beta}{\beta^2 - 1} - \log(E/c) - \log(1+\beta)\right)\right]. \qquad (2.11)$$

Jeśli foton jest generowany w obszarze kwantowym, którego wielkość jest odpowiednia, to l właściwe przyspieszenie fotonu staje się

$$\alpha = \frac{1}{m}\frac{\Delta p}{\Delta t} \approx \frac{c^2}{l}\ , \qquad (2.12)$$

z zasady niepewności określonej przez $\Delta p \cdot l \approx h$, i $\Delta E = \Delta p \cdot c$, $\Delta E = mc^2$ i $\Delta t = l / c$.

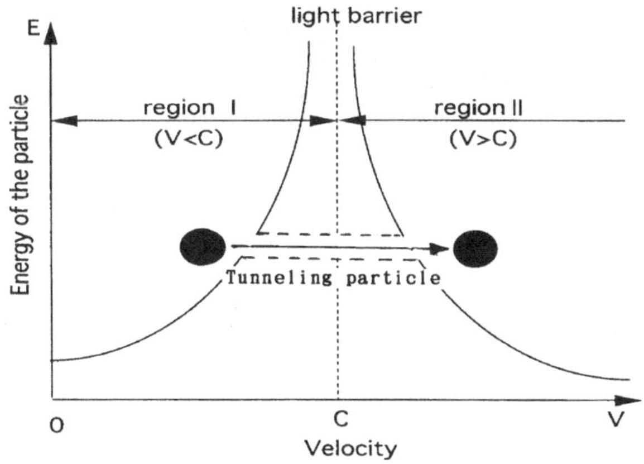

Rys.1 Tunelowanie kwantowe przez barierę świetlną.

Wprowadzając równanie (2.10) i $E = h\omega$ do równania (2.11), otrzymujemy w końcu funkcje falowe dla prędkości pod- i nadświetlnych (patrz również rys. 1):

$(v < c)$

$$\psi = C \cdot \exp\left[-i\frac{\omega}{2c} l\sqrt{1-\beta^2}\left(\frac{\beta}{1-\beta^2} + \log(h\omega / c) + \log(1+\beta) \right) \right]. \qquad (2.13)$$

$(v > c)$

$$\psi^* = C \cdot \exp\left[-\frac{\omega}{2c} l\sqrt{\beta^2 - 1}\left(\frac{\beta}{\beta^2 - 1} - \log(h\omega / c) - \log(1+\beta) \right) \right]. \qquad (2.14)$$

Rysunek.2 przedstawia falową funkcję przyspieszonej cząstki elementarnej.

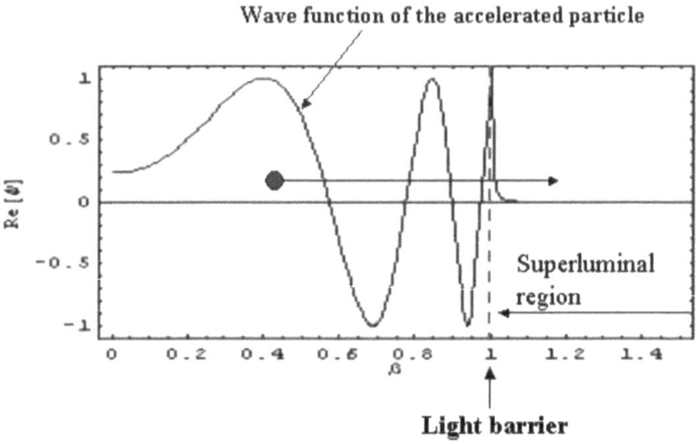

Rys.2 Fala oddziaływania przyspieszonej cząstki na tunel przez barierę świetlną.

Zgodnie z przybliżeniem WKB [7], prawdopodobieństwo penetracji przez foton tunelujący można oszacować na [8].

$$T \approx |\psi_*|^2 / |\psi|^2 = \exp\left[-\frac{\omega}{c} l \sqrt{\beta^2 - 1} \left(\frac{\beta}{\beta^2 - 1} - \log(\hbar\omega / c) - \log(1 + \beta) \right) \right] . \quad (2.15)$$

Uważa się więc, że wysoko przyspieszone cząsteczki mogą przejść przez barierę świetlną w skończonym czasie.

2.2 Możliwość wykrywania Neutrin jako tachionów

Ostatnio grupa fizyków pracuje nad pomiarem neutrin generowanych z akceleratora cząstek w CERN. Grupa ta odkryła neutrina przybywające szybciej niż można by się było spodziewać i wydaje się, że podróżują one szybciej niż samo światło, ale nie wyciągnęła ostatecznych wniosków.

W ostatnich latach przeprowadzono wiele eksperymentów, a w latach 1984-1985 belgijski fizyk J. Steyaert wykazał istnienie tachionów w Instytucie Fizyki Jądrowej Uniwersytetu w Louvain-la-Neuve. Wykorzystywał on duży cyklotron do produkcji wysokoenergetycznych promieni gamma i badał różne sposoby, w jakie te promienie gamma były wchłaniane przez materię. Obserwacja została przeprowadzona w układzie energia-momentum, z którego oszacował prędkość cząstek na 1,2 raza większą od prędkości światła w próżni. Po przeprowadzeniu tego eksperymentu przeprowadzono wiele eksperymentów, a niemieccy fizycy Enders i Nimitz z Instytutu Fizyki w Kolonii stwierdzili, że centymetrowe fale radiowe rozchodzą się z prędkością superluminalną wzdłuż prowadnicy fal. Ich eksperymenty potwierdziła również amerykańska ekipa kierowana przez Raymonda Chiao do eksperymentu z wykorzystaniem pakietów fal, gdzie zespół badawczy zaobserwował, że posiadają prędkość grupową kilkakrotnie większą od prędkości światła w próżni.

2.3 Eksperymentalne dowody na istnienie tachionów

Zgodnie z zasadą nieoznaczoności momentu pędu, prędkość cząstki poruszającej się wewnątrz jądra atomowego, której wielkość jest określona, L można podać z zależności pokazanej jako

$$\frac{m_o v}{\sqrt{1-v^2/c^2}} \approx \frac{\hbar}{L}, \qquad (2.16)$$

z czego, mamy

$$v \approx c - \frac{c}{2}\frac{m_o^2 c^2 L^2}{\hbar^2}, \qquad (2.17)$$

dla lekkich cząstek zadowalających $m_o cL/\hbar << 1$.

Zgodnie z zasadą niepewności uznaje się, że penetracja cząsteczek przez fotokomórkę może utrzymać stan FRL (szybszy od światła) tymczasowo przedstawiony w następujący sposób [9]:

Zakładając, że energia penetrowanej cząstki przez barierę świetlną jest zachowana, cząstka poruszająca się wewnątrz jądra atomowego spełnia warunki

(Państwo inne niż FTL)

$$E^2 - p^2c^2 = m_o^2 c^4, \qquad (2.18)$$

(stan FTL)

$$E^2 - p_*^2 c^2 = m_*^2 c^4 \quad , \qquad (2.19)$$

gdzie p_* jest moment pędu cząstki w stanie FTL i m_* jest bezwzględną wartością masy właściwej dla cząstki FTL.

Jeśli pozwolimy $\Delta p_* = p - p_*$, mamy

$$(m_*^2 - m_o^2)c^2 = 2p\Delta p_* - \Delta p_*^2 \quad . \qquad (2.20)$$

Kiedy $m_* >> m_o$, Δp_* jest w przybliżeniu podane przez

$$\Delta p_* = \frac{\hbar}{L}\left(1 - \sqrt{1 - \frac{m_*^2 c^2 L^2}{\hbar^2}}\right) \approx \frac{m_*^2 c^2 L}{2\hbar} \quad . \qquad (2.21)$$

Biorąc to pod uwagę $\Delta p \approx \hbar / L$ i w związku z tym

$$v_* \approx c + \frac{c}{2}\frac{m_*^2 c^2 L^2}{\hbar^2} \quad , \qquad (2.22)$$

które mogą pochodzić z

$$\frac{m_o c^2}{\sqrt{1 - v^2 / c^2}} = \frac{m_* c^2}{\sqrt{v_*^2 / c^2 - 1}} \quad . \qquad (2.23)$$

Według M.Park i Y.Park [10], zależność niepewności dla cząstki nadświetlnej może być podana przez

$$\Delta p \cdot \Delta t \approx \frac{\hbar}{v - v'} \quad , \qquad (2.24)$$

gdzie v i jakie v' są prędkości cząstki nadluminalnej przed i po pomiarze.

Jeżeli pozwolimy $v_o = c$, to odległość cząstki emitowanej przez jądro atomowe podróżujące w stanie FTL można uzyskać z równania (2.24):

$$\Lambda = v_* \Delta t \approx \frac{4\hbar^4}{m_*^4 c^4 L^3} \quad . \qquad (2.25)$$

Zgodnie z zasadą niepewności możemy stwierdzić, że cząstka światła emitowana z jądra ma możliwość czasowego podróżowania w postaci tachionu.

2.4 Wyniki doświadczeń w laboratoriach

Pomiar masy spoczynkowej neutrina elektronowego, przeprowadzony poprzez pomiar punktu końcowego widma energetycznego elektronu emitowanego w rozpadzie trytu, wykazał, że kwadrat masy spoczynkowej neutrina elektronowego wydaje się być ujemny, co oznacza, że neutrino elektronowe ma urojoną masę spoczynkową [11];.

$$(1986)\ -158 \pm 253\ eV^2, \qquad (2.26)$$

$$(1991)\ -147 \pm 109\ eV^2, \qquad (2.27)$$

co jest nie do przyjęcia w istniejących teoriach dla neutrina, ale sugeruje, że neutrina elektronowe są tachionami. Podobne wyniki wydają się pochodzić z pomiarów masy spoczynkowej neutrin mionowych.

Większość doświadczeń z rozpadem beta trytu dała ujemną wartość dla m^2. Takie wyniki byłyby dość rozstrzygającym dowodem na to, że neutrino elektronowe było tachionem.

$$(1973)\ -0.29 \pm 0.90\ MeV^2, \qquad (2.28)$$

$$(1980)\ -0.102 \pm 0.119\ MeV^2, \qquad (2.29)$$

$$(1982)\ -0.14 \pm 0.20\ MeV^2 / c^4, \qquad (2.30)$$

$$(1984)\ -0.163 \pm 0.080\ MeV^2 / c^4. \qquad (2.31)$$

Kwadrat masy spoczynkowej neutrin elektronowych, zmierzonej przez wielu badaczy dla rozpadu β trytu, rozkładu ^3H i rozpadu, β przedstawiono w tabeli 1 [12-16].

Tabela 1. Dane doświadczalne neutrin elektronowych.

Nie.	Reakcja jądrowa	Eksperyment $(eV)^2$	$i\overline{m}_*$ (Kg)	Λ(m)	Sędzia sprawozdawca.
1	rozpad β trytu	-24 ± 48	$i8.27\times10^{-36}$	2.65×10^{12}	[12]
2	rozpad β trytu	-39 ± 34	$i1.11\times10^{-35}$	1.01×10^{12}	[13]
3	^3H gnicie	-65 ± 85	$i1.43\times10^{-35}$	3.66×10^{11}	[14]
4	β gnicie	-147 ± 68	$i2.16\times10^{-35}$	7.03×10^{10}	[15]
5	rozpad β trytu	-130 ± 20	$i2.03\times10^{-35}$	9.01×10^{10}	[16]

Kwadrat masy spoczynkowej neutrina elektronowego oznacza, że ma on urojoną masę spoczynkową przedstawioną w tabeli 1, gdzie $\overline{m}_*$ jest średnią wartością masy spoczynkowej neutrina elektronowego. Z czego wynika prawdopodobieństwo, że cząstka emitowana z jądra atomowego w stanie FTL staje się prawie jednością z równania (2.15), gdy pozwolimy na to i $m_*c^2 = \hbar\omega$ l jest wielkości mniejszej niż jądro atomowe.

Odległość podróżną w stanie FTL można obliczyć za pomocą równania (2.25), które również przedstawiono w tabeli 1. Na podstawie powyższych wyników uznaje się, że neutrina elektronowe mogą być wykrywane jako tachion w pobliżu źródła, co zaobserwowano podczas eksperymentów. Jednak odległość pomiędzy źródłem a detektorem jest znacznie większa niż odległość pomiędzy Ziemią a Słońcem, która jest rzędu 1.5×10^{11}m, i można je obserwować jako zwykłe cząstki o rzeczywistej masie spoczynkowej.

2.5 Możliwość osiągnięcia prędkości szybszej niż prędkość światła w regionie Quantum

Niedawno zespół badawczy Uniwersytetu w Maryland odkrył, że można zrealizować urządzenie do przetwarzania sygnału oparte na tunelowaniu pojedynczych fotonów [17]. Przeprowadzili oni eksperyment nad przepuszczaniem światła przez nanometrowe otwory w złotej powłoce pokrytej nieliniowym dielektrykiem, który ujawnił, że przepuszczalność nanopore, czyli matrycy nanorurowej, na jednej długości fali może być kontrolowana przez naświetlanie drugą, inną długością fali. Chu i S.Wong w AT&T Bell Labs mierzyli prędkości nadświetlne dla światła przechodzącego przez materiał absorbujący [18]. Ponadto Steinberg, Kwait i Chiao zmierzyli czas tunelowania dla światła widzialnego przez filtr optyczny składający się z wielowarstwowej powłoki o grubości około 10^{-6} m. Wyniki pomiarów przeprowadzonych przez Steinberga i współpracowników wykazały, że fotony zdawały się podróżować z prędkością 1,7 raza większą od prędkości światła [19]. Ostatnie eksperymenty optyczne w Princeton NEC potwierdziły również, że propagacja impulsu nadświetlnego może występować w ośrodkach przezroczystych [20]. Wyniki te wskazują, że proces tunelowania w fizyce kwantowej jest superluminalny, jak twierdzi E.Recami.

Na podstawie powyższych ustaleń można stwierdzić, że obliczenia wykorzystujące tunelowanie fotonów mają możliwość osiągnięcia znacznie większej prędkości obliczeniowej.

Rozdział.3

Hiperkomputeryzacja przez cząsteczki nadświetlne

Zakładając, że istnieją cząstki nadświetlne, możliwe jest wykonanie nieskończonych obliczeń w skończonym czasie.

Przyspieszona maszyna Turinga o nazwie maszyna Zeno jest hipotetycznym modelem obliczeniowym, który może wykonać nieskończoną ilość kroków obliczeniowych w określonym czasie. Nie może on jednak być fizycznie zrealizowany z punktu widzenia zasady niepewności Heisenberga, ponieważ energia potrzebna do wykonania obliczeń będzie wykładniczo zwiększona po przyspieszeniu kroku obliczeniowego.
W matematyce i informatyce, przyspieszona maszyna Turinga jest hipotetycznym modelem obliczeniowym związanym z maszynami Turinga, który może wykonać nieskończoną ilość kroków obliczeniowych w skończonym czasie. Nazywana jest również maszyną Zeno, której koncepcja została zaproponowana niezależnie przez B. Russdela, R. Blake'a i H. Weyl'a, która wykonuje swój pierwszy krok obliczeniowy w jednej jednostce czasu, a każdy kolejny krok w połowie czasu poprzedniego, umożliwiając wykonanie nieskończonej liczby kroków w skończonym przedziale czasu [1,2]. Jednakże maszyna ta nie może być fizycznie zrealizowana z punktu widzenia zasady niepewności Heisenberga, $\Delta E \Delta t \approx h$ ponieważ energia potrzebna do wykonania obliczeń będzie wykładniczo zwiększana w momencie przyspieszenia kroku obliczeniowego. Uważa się więc, że maszyna Zeno jest tylko pojęciem matematycznym i nie ma możliwości realizacji jej w świecie fizycznym. W przeciwieństwie do tego wniosku, autor pokazuje możliwość jego realizacji poprzez wykorzystanie cząsteczek nadluminescencyjnych zamiast podprogowych, w tym fotonów.

3.1 Czas obliczeniowy wymagany do wykonania nieskończonych kroków obliczeniowych

Feynmann zdefiniował wymaganą energię na krok dla obliczeń, jak pokazano na rys. 1, podaną przez [3].

$$energy\ per\ step = k_B T \frac{f-b}{(f+b)/2}, \quad (3 \qquad .1)$$

gdzie k_B jest stała Boltzmanna, T jest temperaturą, jest kursem terminowym f obliczeń i jest kursem wstecznym. b

Zakładając, że nie ma zasilania w energię i parametrów i f b są one ustalone podczas obliczeń, możemy rozważyć nieskończone kroki obliczeniowe podane przez

$E_1 = kE_0$ ..., ..., (3.2)

gdzie pozwalamy, aby początkowa energia obliczeń była $E_0 = k_B T$, $k = 2(f-b)/(f+b)$ i E_n jest to energia dla n-tego kroku obliczeń.

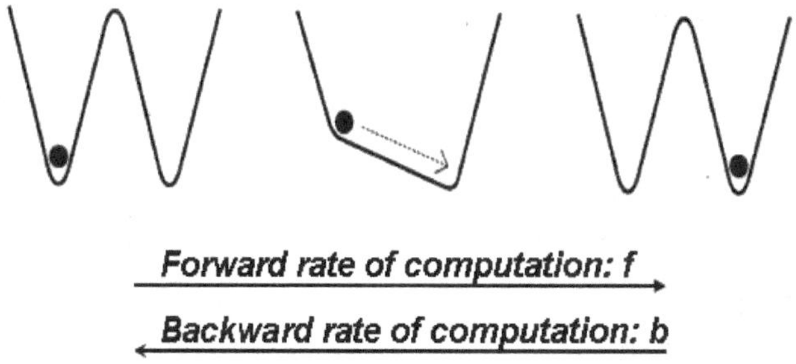

Rys.1 Kroki obliczeniowe niezbędne do przeprowadzenia obliczeń odwracalnych.

Z powyższego mamy $E_n = k^n E_0$, a następnie straty energii dla każdego kroku obliczeniowego stają się

$$\Delta E_1 = E_0 - E_1 = (1-k)E_0$$

$$\Delta E_2 = E_1 - E_2 = (1-k)kE_0$$

$\wedge$ (3.3)

$$\Delta E_n = E_{n-1} - E_n = (1-k)k^{n-1}E_0 \ .$$

ΔE Według pracy S. Lloyda [4] wymaga się, aby układ kwantowy o średniej energii co najmniej przez pewien czas Δt ewoluował do stanu ortogonalnego określonego przez

$$\Delta t = \frac{\pi \hbar}{2\Delta E} \ , \qquad (3.4)$$

z którego, przy E_0 ustawieniu $E = \Delta E_i$ na równanie (3.4), suma energii dla nieskończonych kroków daje wynik, a następnie całkowity czas obliczeń z nieskończonymi krokami staje się

$$T = \sum_{n=1}^{\infty} \Delta t_n = \frac{\pi \hbar}{2E_0} \sum_{n=1}^{\infty} \frac{1}{(1-k)k^{n-1}} \ . \qquad (3.5)$$

Ponieważ nieskończona suma równania (3.5) różni się do nieskończoności po zaspokojeniu $0 < k < 1$, model obliczeń Feynmana wymaga nieskończonego czasu na zakończenie obliczeń (patrz rys.2).

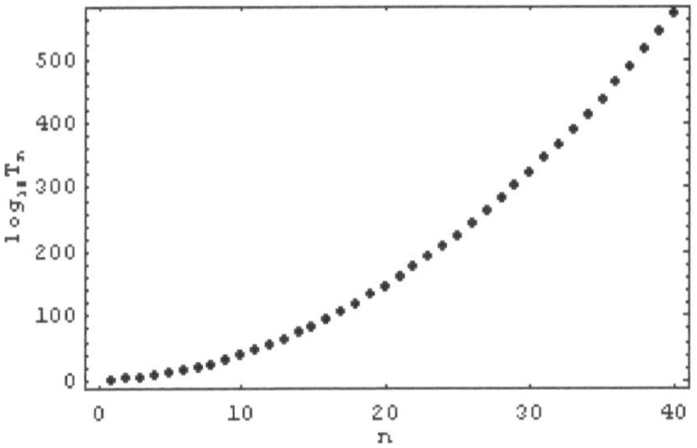

Rys.2 Czas potrzebny do przeprowadzenia obliczeń na każdym etapie (dla danego przypadku oraz $k = 1/2$ $\gamma = 1.0$).

Dlatego też, ze względu na zasadę niepewności, nie można zrealizować przyspieszonej maszyny Turinga dla komputerów wykorzystujących zwykłe cząstki.

3.2 Czas obliczeniowy przy użyciu nadświetlnych cząstek elementarnych (Superluminal Elementary Particles)

E.Recami twierdził w swojej pracy [5], że tunelowanie fotonów podróżujących w trybie evanescent może poruszać się z nadświetlną prędkością grupy wewnątrz bariery. Chu i S.Wong w AT&T Bell Labs mierzyli prędkości superluminalną dla światła poruszającego się po materiale pochłaniającym [6]. Ponadto Steinberg, Kwait i Chiao zmierzyli czas tunelowania dla światła widzialnego przez filtr optyczny składający się z wielowarstwowej powłoki o grubości około 10^{-6} m [7]. Wyniki eksperymentalne uzyskane przez Steinberga i współpracowników wykazały, że fotony zdawały się podróżować z prędkością 1,7 raza większą od prędkości światła. Ostatnie eksperymenty optyczne w Princeton NEC potwierdziły, że propagacja impulsu nadświetlnego może występować w ośrodkach przezroczystych [8]. Wyniki te wskazują, że proces tunelowania w fizyce kwantowej jest superluminalny, jak twierdzi E.Recami [5].

Z relatywistycznego równania energii i pędu poruszającej się cząsteczki, podanego przez

$$E = \frac{m_0 c^2}{\sqrt{1 - v^2 / c^2}}, \qquad (3.6)$$

oraz

$$p = \frac{m_0 v}{\sqrt{1 - v^2 / c^2}}, \qquad (3.7)$$

zależność pomiędzy energią i pędem może być pokazana jako $p / v = E / c^2$.

Z czego, mamy [9]

$$\frac{v\Delta p - p\Delta v}{v^2} = \frac{\Delta E}{c^2}. \qquad (3.8)$$

Zakładając, że zbliżenie $\Delta v / v^2 \approx 0$ ma miejsce, można uprościć równanie (3.8) jako

$$\Delta p \approx \frac{v}{c^2} \Delta E. \qquad (3.9)$$

Zależność ta obowiązuje również dla cząstki nadświetlnej (która ma masę wyimaginowaną im_*), której energia i pęd są podane odpowiednio za pomocą następujących równań.

$$E = \frac{m_* c^2}{\sqrt{v^2/c^2 - 1}}, \quad (3.10)$$

$$p = \frac{m_* v}{\sqrt{v^2/c^2 - 1}}. \quad (3.11)$$

Według pracy M.Park i Y.Park [10], zależność niepewności dla cząstki nadświetlnej może być podana przez

$$\Delta p \cdot \Delta t \approx \frac{\hbar}{v - v'}, \quad (3.12)$$

gdzie v i jakie v' są prędkości cząstki nadluminalnej po i przed pomiarem. Zastępując równanie (3.9) do (3.12), otrzymujemy zależność niepewności dla cząstek nadluminescencyjnych wyrażoną przez

$$\Delta E \cdot \Delta t \approx \frac{\hbar}{\beta(\beta - 1)}, \quad (3.13)$$

kiedy pozwolimy i $v' = c$ $\beta = v/c$.

Zamiast cząstek podluminescencyjnych, w tym fotonów, czas potrzebny dla układu kwantowego wykorzystującego cząstki nadluminescencyjne wynosi [9].

$$T = \sum_{n=1}^{\infty} \Delta t_i = \frac{\pi \hbar}{2E_0} \sum_{n=1}^{\infty} \frac{1}{\beta_n(\beta_n - 1)(1-k)k^{n-1}}, \quad (3.14)$$

z zasady niepewności dla cząstek nadluminescencyjnych podanej przez równanie (3.13), gdzie β można ją podać przez

$$\beta_n = \sqrt{1 + \frac{m_*^2 c^4}{E_n^2}} = \sqrt{1 + \frac{m_*^2 c^4}{k^{2n} E_0^2}}, \qquad (3.15)$$

która pochodzi z równania (3.11).

Z równań (3.14) i (3.15) wynika, że czas obliczeń można przyspieszyć jak pokazano na rys. 3.

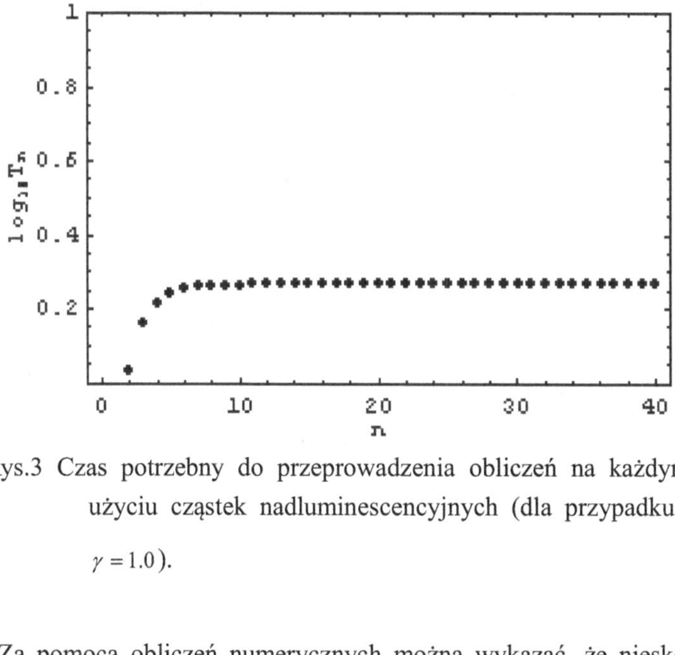

Rys.3 Czas potrzebny do przeprowadzenia obliczeń na każdym etapie przy użyciu cząstek nadluminescencyjnych (dla przypadku, oraz $k = 1/2$ $\gamma = 1.0$).

Za pomocą obliczeń numerycznych można wykazać, że nieskończona suma równania (3.14) zbiega się do pewnej wartości zadowalającej $0 < k < 1$, jak pokazano na rys. 4.

Na tym rysunku, linia pozioma jest dla parametru $\gamma = m_* c^2 / E_0$, a linia pionowa jest dla czasu, aby zakończyć obliczenia nieskończonego kroku.

Na podstawie tych wyników obliczeń, przyspieszona maszyna Turinga może być zrealizowana poprzez wykorzystanie cząsteczek nadluminescencyjnych, zamiast podluminescencyjnych, w modelu obliczeniowym Feynmana.

Tak więc, w przeciwieństwie do wniosku otrzymanego relatywnie do modelu obliczeń Feynmana przy użyciu zwykłych cząstek, można zauważyć, że cząstki nadluminescencyjne pozwalają na realizację przyspieszonej maszyny Turinga.

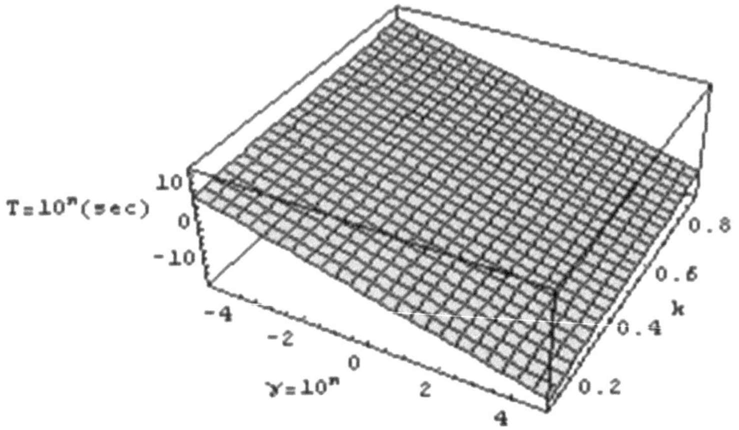

Rysunek. 4 Obliczeniowy wymagany czas dla cząstek nadświetlnych.

Wiadomo, że przyspieszone maszyny Turinga pozwalają na obliczanie niektórych funkcji, które nie są funkcją Turinga, takich jak problem zatrzymania [11], opisany jako "biorąc pod uwagę opis dowolnego programu komputerowego, zdecyduj, czy program zakończy działanie, czy będzie działał wiecznie".

Jest to równoznaczne z problemem decydowania, biorąc pod uwagę program i wejście, czy program ostatecznie zatrzyma się podczas uruchamiania z tym wejściem, czy też będzie działał wiecznie.

Problem zatrzymania maszyny Turinga może być łatwo rozwiązany przez przyspieszoną maszynę Turinga przy użyciu następującego algorytmu pseudokodu (patrz Rys.5).

Ponieważ przyspieszone maszyny Turinga są potężniejsze od zwykłych maszyn Turinga, mogą one wykonywać obliczenia wykraczające poza limit Turinga, który jest nazywany hiperkomputerem, jak np. decydować o każdym stwierdzeniu arytmetycznym, które jest decydujące w nieskończonym czasie. Na podstawie tego wyniku możemy skonstruować wyrocznię [12] przy użyciu nadświetlnej cząstki, która jest abstrakcyjną maszyną używaną do badania problemów decyzyjnych. Może ona być pomyślana jako

```
begin program
  write 0 on the first position of the output tape;
  begin loop
    simulate 1 successive step of the given Turing machine on the given
input;
    if the Turing machine has halted, then write 1 on the first position
of the output tape and break out of loop;
  end loop
end program
```

Rysunek. 5 Pseudokodowy algorytm do rozwiązania problemu zatrzymania.

Maszyna wytrzymałościowa z czarną skrzynką, zwana wyrocznią, która jest w stanie podjąć decyzję o pewnych problemach decyzyjnych w jednej operacji.

Wyrocznia może wykonywać wszystkie zwykłe operacje maszyny Turinga, a także może zapytać wyrocznię o rozwiązanie każdego problemu obliczeniowego dla tejże wyroczni. Na przykład, jeżeli problem jest problemem decyzyjnym dla zbioru liczb naturalnych A, maszyna wyrocznia dostarcza wyroczni liczbę naturalną, a wyrocznia odpowiada "tak" lub "nie", stwierdzając czy liczba ta jest elementem A.

Biorąc pod uwagę urządzenie, które powie Ci z góry, czy dany program komputerowy zatrzyma się, czy też będzie działał wiecznie, będziesz w stanie udowodnić lub obalić jakiekolwiek twierdzenie o liczbach całkowitych: przypuszczenie Goldbacha, ostatnie twierdzenie Fermata oraz słynną hipotezę Riemanna, ponieważ jest ona równoznaczna z poniższym problemem:

$$\forall n > 0 \ , \ \left(\sum_{k \le \delta(n)} \frac{1}{k} - \frac{n^2}{2} \right)^2 < 36n^3 \text{ gdzie } \delta(n) = \sum_{d|n} \frac{1}{d} .$$

Po prostu pokazałbyś temu "Oracle" program, który przetoczyłby pętlę przez wszystkie liczby całkowite, testując każdy możliwy zestaw wartości i zatrzymując się tylko wtedy, gdy doszłoby do zestawu, który naruszyłby przypuszczenie.

Dzięki zastosowaniu cząsteczki nadświetlnej istnieje możliwość realizacji układu hiper-komputerowego. Ponieważ przyspieszone maszyny Turinga są potężniejsze od zwykłych maszyn Turinga, mogą one wykonywać obliczenia wykraczające poza limit Turinga, który jest nazywany hiperkomputerem, tak aby zdecydować o każdej arytmetycznej deklaracji, która jest decydująca w nieskończonym czasie.

3.3 Ludzka intuicja z punktu widzenia hiperkomputacji nadświetlnej

Zgodnie z elektrodynamiką stochastyczną, można wykazać, że pole tachionowe może być spontanicznie wytwarzane z morza wszechobecnego zeropunktowego pola energetycznego przenikającego cały Wszechświat. Jeśli mózg ma możliwość korelacji z zewnętrznym polem tachionowym utworzonym z innego żywego organizmu i kosmicznego pola zero-punktowego, całość z nich, możemy nazwać uniwersalnym mózgiem lub kosmiczną świadomością, może mieć wpływ na indywidualny umysł i to może wyjaśnić niezwykłą zdolność ludzkiego mózgu biologicznego.

Dla dalszej interpretacji tego wyniku rozważamy propozycję S. Berkovicha dotyczącą "paradygmatu chmury obliczeniowej", w której podane jest eleganckie, konstruktywne rozwiązanie problemu organizacji umysłu. W swoim artykule definiuje on sytuację, w której poszczególne mózgi nie są samodzielnymi komputerami, lecz zbiorowymi użytkownikami, którzy mają wspólny dostęp do części holograficznej pamięci Wszechświata [13]. Zaproponował, aby promieniowanie tła mikrofalowego (CMB) (Rys.6) nie miało nic wspólnego z promieniowaniem resztkowym pozostałym po Wielkim Wybuchu.

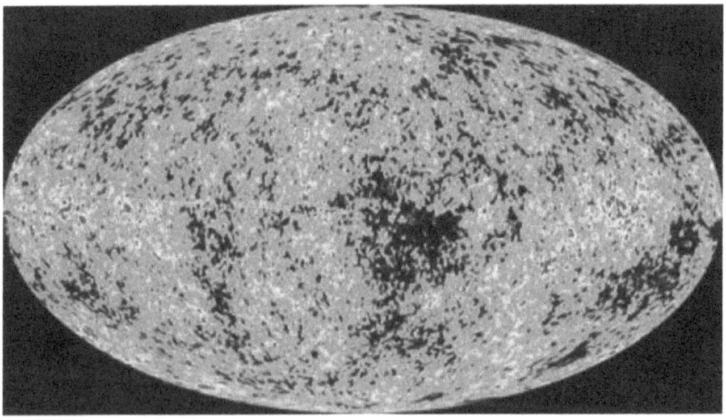

Rys.6 Czy promieniowanie CMB jest aktywnością próżni ZPF, która odnosi się do operacji zapisu w pamięci holograficznej Wszechświata?

Zamiast tego twierdził, że promieniowanie CMB nie jest niczym innym jak szumem od pisania
operacji w holograficznej pamięci Wszechświata.
Takie holograficzne operacje zapisu wymagałyby pewnego rodzaju uniwersalnego
częstotliwość taktowania dla tych operacji. Ponieważ wirtualna cząstka nadświetlna
pary są tworzone i unicestwiane w próżni w krótkim, skończonym okresie.
czasu zgodnie z zasadą niepewności, moglibyśmy logicznie rozważyć
ten czas trwania jako stawka zegarowa dla tych operacji.

Istnieje kilka opracowań na temat hipotezy, że umysł ludzki składa się z ulotnych tunelujących fotonów, które mają właściwość nadluminescencyjnych cząstek zwanych tachionami [14-17]. Jeśli ludzka świadomość składa się z nadluminescencyjnych cząstek, jak twierdzi prof. Dutheil, można wyjaśnić wyższość ludzkiego mózgu nad konwencjonalnymi procesorami krzemowymi.

Zaproponował nowy zestaw hipotez opartych na świadomości superluminalnej:

Mózg
- The to nic innego jak zwykły komputer, który przekazuje informacje.
- Świadomość, czyli umysł, składa się z pola tachionów lub materii nadluminalnej, umieszczonej po drugiej stronie bariery świetlnej w nadluminalnej czasoprzestrzeni.

Profesor Dutheil przedstawił swoją hipotezę w książce "L'homme superlumineux"[18], proponując, że świadomość jest polem materii nadluminalnej, należącej do prawdziwego fundamentalnego wszechświata, jak pokazano na rys. 7, a nasz świat jest jedynie podluminalną projekcją holograficzną.

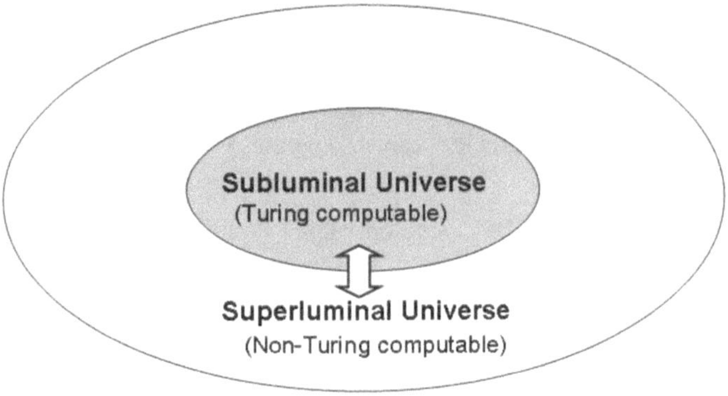

Rysunek. 7 Struktura Wszechświata z punktu widzenia cząstek nadświetlnych.

Jak pokazano w tym poradniku, przyspieszona maszyna Turinga może być realizowana za pomocą cząsteczek nadluminescencyjnych zamiast podluminescencyjnych, w tym fotonów, i uważa się, że pole tachionowe poza ludzkim mózgiem działa jak wyrocznia, a to pozwala nam poznać problem matematyczny, czy jest prawdziwy, czy fałszywy.

Z analizy teoretycznej wynika, że z punktu widzenia mechaniki kwantowej, przyspieszoną maszynę Turinga można zrealizować za pomocą cząstek nadluminescencyjnych. Tak więc niezwykłe możliwości ludzkich mózgów, takie jak intuicja w porównaniu ze zwykłymi procesorami krzemowymi, mogą być wyjaśnione, jeśli składają się z nadluminescencyjnych fotonów, ponieważ mają zdolność do funkcjonowania poza zwykłymi maszynami Turinga.

Rysunek.8 pokazuje podobieństwo systemu komputerowego do ludzkiego mózgu.

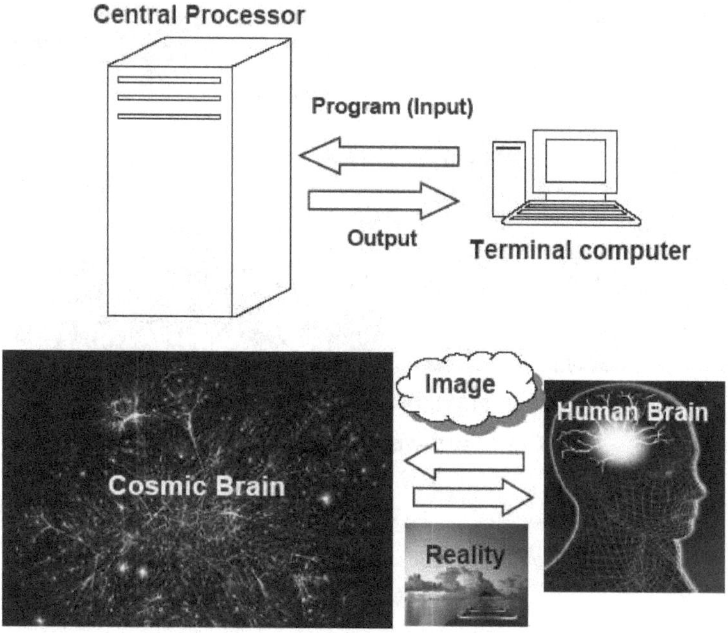

Rys.8 Podobieństwo między systemem komputerowym a ludzkim mózgiem.

Zgodnie z hipotezą zaproponowaną przez prof. Dutheila, mózg jest niczym innym jak zwykłym komputerem, który przekazuje informacje.

Mózg ludzki otrzymuje program do rozpoznawania świata z mózgu kosmicznego, ponieważ komputery końcowe otrzymują swoje polecenia z procesora centralnego, a zatem można uznać, że możemy rozpoznać świat jako trójwymiarową rzeczywistość.

Rysunek.9 przedstawia struktury komórki mózgowej i wszechświata.

Pokazuje to podobieństwo ich struktur. Z czego wynika, że istnieje możliwość, iż Wszechświat jest ogromnym mózgiem obsługiwanym przez cząsteczki nadświetlne.

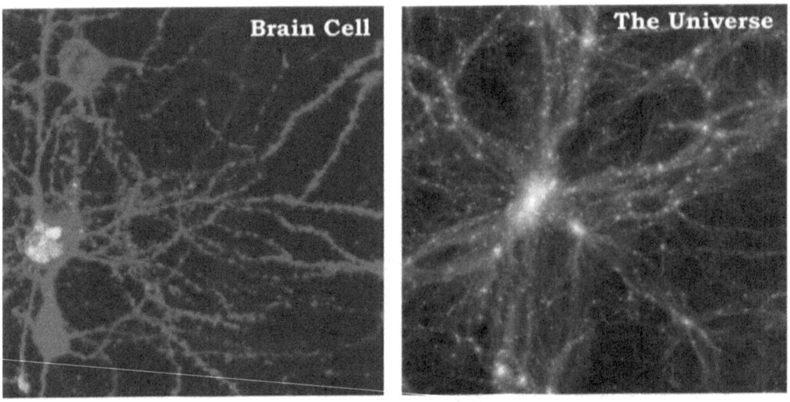

Rys.9 Podobna struktura komórki mózgowej i Wszechświata. (Czy nasz wszechświat to ogromny mózg?)

Rozdział.4

Możliwość obliczeń ilościowych w mózgach biologicznych

Powszechnie uważa się, że prawo Moore'a dotyczące wydajności mikroprocesorów nie utrzyma się w następnym dziesięcioleciu ze względu na mur ceglany wynikający z podstawowych fizycznych ograniczeń procesu obliczeniowego. Richard P. Feynman omówił możliwość stworzenia kwantowego komputera, w którym kwantowy koszt energii obliczeniowej w stosunku do prędkości jest ograniczony przez rozpraszanie energii podczas obliczeń na przykładzie obliczeń odwracalnych [1]. Zgodnie z jego zamysłem, prędkość obliczeniowa jest ograniczona przez minimalną energię potrzebną do nieodwracalnego transportu pewnej ilości informacji pomiędzy dwoma urządzeniami. W niniejszym rozdziale autor analizuje granice energetyczne systemu komputerowego wykorzystującego foton ewazyjny (fotonowy tunel kwantowy), który jest uważany za cząstkę nadświetlną zwaną tachionem.

4.1 Czym jest Quantum Computer?

Komputer kwantowy jest urządzeniem obliczeniowym, które bezpośrednio wykorzystuje zjawiska kwantowo-mechaniczne, takie jak superpozycja i splątanie, do wykonywania operacji na danych. Komputery kwantowe różnią się od komputerów cyfrowych opartych na tranzystorach (materiał półprzewodnikowy z minimum trzema terminalami). Podczas gdy komputery cyfrowe wymagają zakodowania danych w cyfrach binarnych (bit może mieć tylko jedną z dwóch wartości, 0 lub 1), obliczenia kwantowe wykorzystują właściwości kwantowe do reprezentowania danych i wykonywania operacji na tych danych (bit kwantowy lub *qubit* może występować w superpozycji dwóch bitów). Idea obliczeń kwantowych została po raz pierwszy wprowadzona przez Richarda Feynmana w 1982 roku (patrz Ref.[1]).

Stąd też klasyczny komputer ma pamięć składającą się z bitów, gdzie każdy bit reprezentuje albo jeden, albo zero. Komputer kwantowy utrzymuje ciąg qubitów. Pojedynczy qubit może reprezentować jeden, zero lub dowolną kwantową superpozycję tych dwóch stanów qubita; ponadto para qubitów może być w dowolnej kwantowej superpozycji 4 stanów, a trzy qubity w dowolnej superpozycji 8. Ogólnie rzecz biorąc, komputer kwantowy z n qubitami może być w dowolnej superpozycji do 2^n różnych stanów jednocześnie, co porównuje się do normalnego komputera, który może być tylko w jednym z tych 2^n stanów w danym momencie pokazanym jako [2] (patrz Rys.1):

$$|\psi\rangle = \alpha|0\rangle + \beta|1\rangle \; . \qquad (4.1)$$

Komputer kwantowy działa poprzez ustawienie qubitów w kontrolowanym stanie początkowym, który reprezentuje dany problem oraz poprzez manipulowanie tymi qubitami za pomocą stałej sekwencji bramek logiki kwantowej. Sekwencja bramek, która ma być zastosowana, nazywana jest algorytmem kwantowym. Obliczenia kończą się pomiarem wszystkich stanów, załamując każdy qubit do jednego z dwóch stanów czystych, a więc wynikiem może być co najwyżej n klasycznych bitów informacji.

Przykład implementacji qubitów dla komputera kwantowego można by zacząć od wykorzystania cząstek o dwóch stanach spinowych: "w górę" i "w dół". Ale w rzeczywistości każdy system posiadający obserwowalną wielkość A, która jest zachowywana w czasie ewolucji tak, że A ma co najmniej dwie dyskretne i wystarczająco odległe od siebie kolejne wartości własne, jest odpowiednim kandydatem do implementacji qubitu. Jest to prawdą, ponieważ każdy taki system może być odwzorowany na efektywny system spin-1/2.

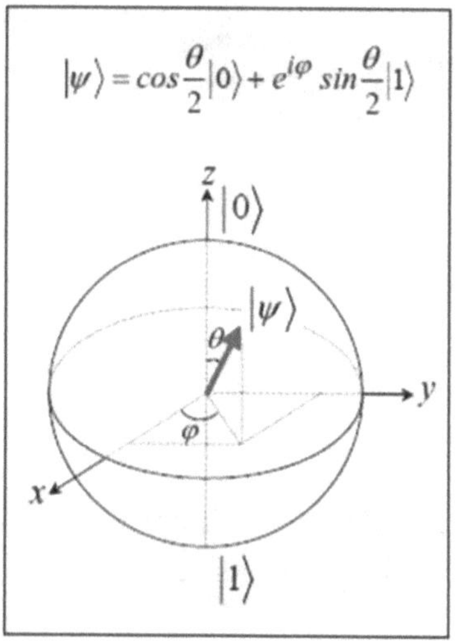

Rys.1 Qubit obliczenia kwantowego.

Komputer kwantowy o danej liczbie qubitów zasadniczo różni się od klasycznego komputera składającego się z tej samej liczby klasycznych bitów. Na przykład, reprezentowanie stanu systemu n-kwubitów na klasycznym komputerze wymagałoby przechowywania 2n złożonych współczynników. Chociaż fakt ten może wydawać się wskazywać, że qubity mogą zawierać wykładniczo więcej informacji niż ich klasyczne odpowiedniki, należy jednak uważać, aby nie pominąć faktu, że qubity znajdują się jedynie w probabilistycznej superpozycji wszystkich swoich stanów. Oznacza to, że kiedy mierzony jest ostateczny stan qubitów, będą one znajdowały się tylko w jednej z możliwych konfiguracji, w których znajdowały się przed pomiarem. Co więcej, błędem jest myślenie o qubitach jako znajdujących się tylko w jednym konkretnym stanie przed pomiarem, ponieważ fakt, że znajdowały się one w superpozycji stanów (patrz rys.2) przed pomiarem, bezpośrednio wpływa na możliwe wyniki obliczeń.

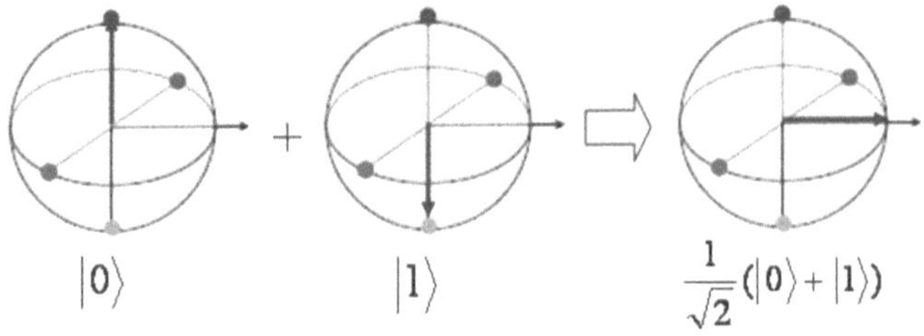

Rys.2 Nakładanie się stanów qubitów.

Qubity składają się z kontrolowanych cząstek i związanych z nimi środków kontroli (np. urządzeń, które zatrzymują cząstki i przełączają je z jednego stanu na drugi).

Na przykład: Rozważmy najpierw klasyczny komputer, który działa na trzybitowym rejestrze. Stan komputera w dowolnym momencie jest rozkładem prawdopodobieństwa na $2^3 = 8$ różne ciągi trójbitowe 000, 001, 010, 011, 100, 101, 110, 111. Jeżeli jest to komputer deterministyczny, to znajduje się on dokładnie w jednym z tych stanów z prawdopodobieństwem 1.

Jeśli jednak jest to komputer probabilistyczny, to istnieje możliwość, że znajduje się on w jednym z wielu różnych stanów. Możemy opisać ten stan probabilistyczny przez osiem nieujemnych liczb A,B,C,D,E,F,G,H (gdzie A = komputer prawdopodobieństwa znajduje się w stanie 000, B = komputer prawdopodobieństwa znajduje się w stanie 001, etc.), patrz rys.3.), patrz rysunek 3. Istnieje ograniczenie, że prawdopodobieństwa te wynoszą 1.

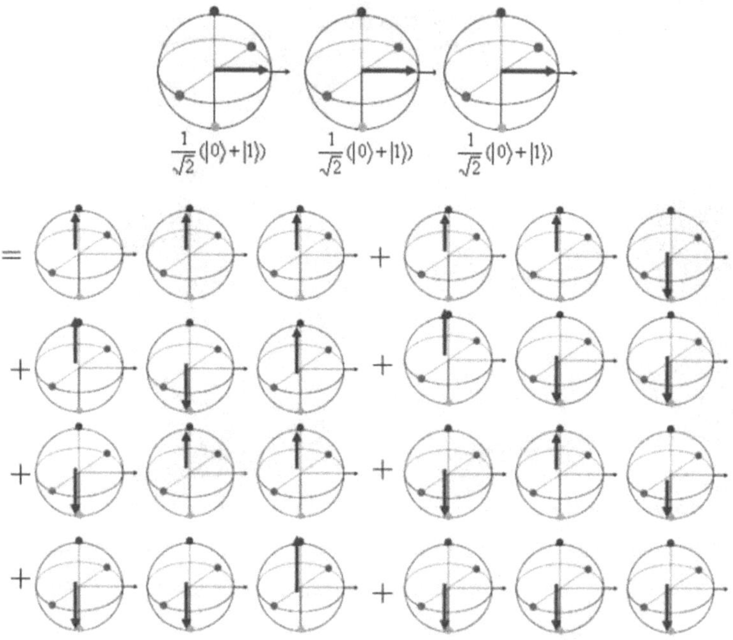

Rys.3 Bit kwantowy składał się z trzech stanów qubitów.

Wielkoskalowe komputery kwantowe będą w stanie rozwiązać pewne problemy znacznie szybciej niż jakikolwiek inny klasyczny komputer przy użyciu najlepszych obecnie znanych algorytmów (Rys.4), takich jak faktoryzacja liczb całkowitych przy użyciu algorytmu Shora czy symulacja kwantowych układów wieloczłonowych. Istnieją algorytmy kwantowe, takie jak algorytm Simona, które działają szybciej niż jakikolwiek możliwy probabilistyczny klasyczny algorytm.[3] Biorąc pod uwagę wystarczające zasoby obliczeniowe, można by zbudować klasyczny komputer do symulacji dowolnego algorytmu kwantowego; obliczenia kwantowe nie naruszają tezy Kościoła - Turyngii [4]. Jednakże, na przykład, podstawa obliczeniowa 500 qubitów byłaby już zbyt duża, aby mogła być reprezentowana na klasycznym komputerze, ponieważ wymagałaby ona przechowywania 2500 złożonych wartości (2501 bitów).

Rys.4 Schematyczny rysunek komputera kwantowego, procesora Oriona firmy D-Wave, który ma możliwość rozwiązania wielu trudnych problemów, których nie mogą rozwiązać konwencjonalne komputery.

4.2 Przetwarzanie sygnału z wykorzystaniem fotonu tunelowego

Ostatnio zespół badawczy Uniwersytetu w Maryland odkrył, że możliwe jest zrealizowanie urządzenia do przetwarzania sygnału opartego na tunelowaniu pojedynczych fotonów [5]. Przeprowadzili oni eksperyment transmisji światła przez nanometrowe otwory pinowe w złotej powłoce pokrytej nieliniowym dielektrykiem, który ujawnił, że transmitancja nanorur lub matrycy nanorurowej na jednej długości fali może być kontrolowana przez oświetlenie drugą, inną długością fali. Otwiera to drzwi dla optycznych urządzeń do przetwarzania sygnałów, takich jak wszystkie przełączniki optyczne realizowane w skali mikroskopowej, które mogą manipulować pojedynczymi elektronami, atomami lub fotonami. Jeśli atomy mogą być zlokalizowane na odległość mniejszą niż długość fali promieniowania, mogą być one spójnie sprzężone przez fotony i można zrealizować splątaną bramkę kwantowej logiki.

Dzięki zastosowaniu tej technologii, brama komputerowa składająca się z dużej liczby małych, wzajemnie powiązanych elektromagnetycznych pułapek jonowych, stworzonych zarówno dla pamięci, jak i dla logicznego przetwarzania poprzez manipulowanie atomami za pomocą tunelującego fotonu, może być realizowana w sposób pokazany na Rys.5.

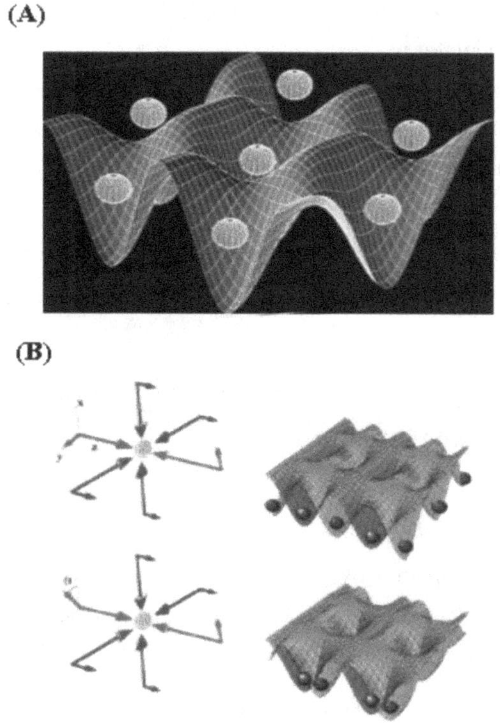

Rys.5 Brama komputerowa składająca się z tunelujących fotonów.

T. Kawazoe i jego współpracownicy zaproponowali również możliwość nano-włączania za pomocą fotonów ewazyjnych w optycznym polu bliskim [6]. Dzięki zastosowaniu tej technologii uważa się, że obliczenia wykorzystujące tunelowanie kwantowe fotonów mają możliwość osiągnięcia znacznie większej prędkości obliczeniowej, a wpływ kosztów energii ze względu na zasadę niepewności, która uniemożliwia przyspieszenie obliczeń kwantowych, można przezwyciężyć, jak sugeruje się w następnym rozdziale.

4.3 Koszt energii dla obliczeń ilościowych Wykorzystanie fotonów tunelowych

Następnie zakładamy, że fotony tunelujące, które podróżują w trybie evanescent, mogą poruszać się z nadświetlną prędkością grupy, co potwierdzają niektórzy eksperymentatorzy.

Rozważamy system komputerowy, który składa się z bramek kwantowych wykorzystujących kwantowe fotony tunelujące do wykonywania operacji logicznych. Benioff pokazał, że prędkość obliczeniowa jest bliska granicy przez zasadę niepewności czasowo-energetycznej [7].

Margolus i Levitin rozszerzyli ten wynik na system o uśrednionej energii, $< E >$ który wymaga co najmniej czasu $< E >= \pi h/(2\Delta t)$ na wykonanie logicznych operacji [8].

Podsumowując wszystkie bramki logiczne operacji, całkowita liczba operacji logicznych na sekundę wynosi nie więcej niż

$$\Delta t \approx N \frac{\pi h}{2 < E >}, \qquad (4.2)$$

gdzie jest Δt to czas operacyjny podstawowej operacji logicznej i N jest to liczba bramek składających się na komputer. Z równania (4.2), rozpiętość energii dla bramki tunelu kwantowego fotonu (w skrócie QTP, dalej) staje się czasem rozpiętości $1/\beta(\beta-1)$ energii dla bramki logicznej przy użyciu cząstek poruszających się z prędkością subluminalną, w tym fotonów, następnie całkowita liczba operacji logicznych na sekundę dla bramek QTP może być podana przez

$$\Delta t \approx \frac{N}{\beta(\beta-1)} \frac{\pi h}{2 < E_* >}, \qquad (4.3)$$

gdzie $< E_* >$ jest uśredniona energia dla bramek QTP.

Ponieważ niepewność co do momentu pędu tunelowania fotonów poruszających się z prędkością nadświetlną może być podawana przez

$$\Delta p = \frac{m_* v}{\sqrt{v^2 / c^2 - 1}} - \frac{\hbar\omega}{c}, \qquad (4.4)$$

gdzie m_* jest wartością bezwzględną masy fotonu tunelującego poruszającego się z prędkością nadświetlną i ω jest częstotliwością kątową fotonu, prędkość fotonu tunelującego można oszacować jako

$$v \approx c\left(1 + \frac{1}{\sqrt{\omega \Delta t}}\right), \qquad (4.5)$$

z Eqs.(3.10) i (3.12), oraz $E = \hbar\omega$ [9].

Jeśli oznaczymy odległość tunelu przez d, czas tunelowania fotonów przez barierę można w przybliżeniu oszacować jako $\Delta t = d / v$. Wtedy prędkość fotonu tunelującego może być określona przez

$$v \approx c\left(1 + \frac{c}{2\omega d} + \sqrt{\frac{c}{\omega d} + \frac{c^2}{4\omega^2 d^2}}\right). \qquad (4.6)$$

Z czego stosunek minimalnej energii wymaganej do obliczeń przez bramki QTP do obliczeń konwencjonalnych może być podany w następujący sposób, poprzez zrównanie równań Eqs.(4.2) i (4.3);

$$R = \frac{\langle E_* \rangle}{\langle E \rangle} \approx \frac{1}{\beta(\beta - 1)}, \qquad (4.7)$$

gdzie

$$\beta \approx 1 + \frac{c}{2\omega d} + \sqrt{\frac{c}{\omega d} + \frac{c^2}{4\omega^2 d^2}}. \qquad (4.8)$$

Mechanizm Higgsa w teorii pola kwantowego umożliwia oszacowanie głębokości penetracji tunelujących fotonów za pomocą wzoru przedstawionego jako [10].

$$r_0 = \frac{\hbar}{Mc}, \qquad (4.9)$$

gdzie M jest masa skuteczna, która daje $M \approx 10eV$.

Z powyższych rozważań wynika, że głębokość penetracji tunelu fotonu jest szacowana na 1.5×10^{-8} m. Następnie można oszacować stosunek minimalnej energii wymaganej do obliczeń przez bramki QTP do konwencjonalnych procesów obliczeniowych, jak pokazano na Rys.6, gdy odległość tunelu bariery wynosi $d\approx 10n$ m [11].

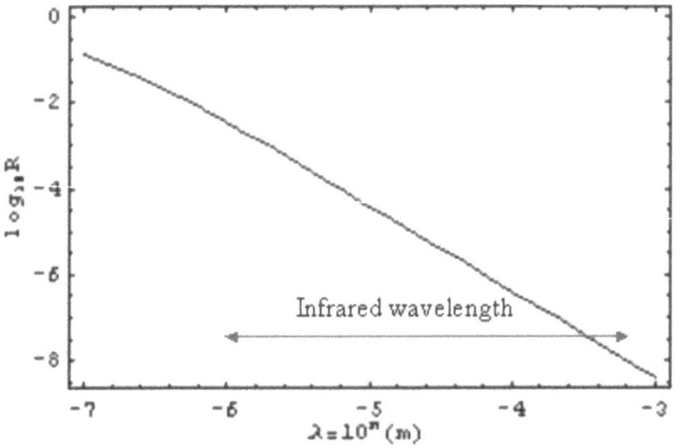

Rys.6 Współczynnik energii minimalnej wymaganej do obliczeń przez Bramy QTP.

Na tym rysunku oś pozioma odnosi się do długości fali tunelujących fotonów, a oś pionowa do stosunku ich energii potrzebnej do obliczeń.

Jeśli długość fali tunelu fotonu znajduje się w obszarze dalekiej podczerwieni $(\lambda=10^{5}nm)$, koszt energii obliczeniowej dla komputera, który składa się z bramek QTP, sięga do 10^{-6} razy mniejszych niż w przypadku konwencjonalnych systemów komputerowych.

W ostatnich latach przeprowadzono wiele badań nad obliczeniami kwantowymi i uznano, że szybkość obliczeniowa przy użyciu obliczeń kwantowych jest znacznie wyższa niż w przypadku konwencjonalnych procesorów krzemowych. Nie uwzględniono jednak kosztów energii wynikających z zasady niepewności, która uniemożliwia przyspieszenie obliczeń kwantowych.

Z teoretycznej analizy granicy energii kwantowego systemu komputerowego wykorzystującego fotony tunelujące można wykazać, że straty energii w obliczeniach przy wykorzystaniu superluminalnego fotonu tunelującego są znacznie mniejsze niż w przypadku konwencjonalnych procesorów krzemowych.

Co więcej, ten efekt superluminalny może ostatecznie znacznie przyspieszyć komputery, ponieważ może zrekompensować opóźnienia w połączeniach wewnątrz bramek logicznych, które nigdy nie mogą być w pełni wyeliminowane z jakichkolwiek rzeczywistych komponentów elektronicznych i zbliżyć ogólną szybkość transmisji do ostatecznej granicy prędkości [12], które faktycznie zwiększają szybkość sygnału podróżującego na fali elektromagnetycznej w celu osiągnięcia wysokiej wydajności komputerów.

4.4 Dekoherencja Problemy związane z przeprowadzaniem obliczeń ilościowych przez państwa członkowskie

Problemem w prowadzeniu obliczeń kwantowych jest dekoherencja stanów kwantowych. Obliczenia kwantowe komputera kwantowego są wykonywane podczas gdy funkcja fali kwantowej znajduje się w stanie superpozycji pomiędzy stanami, co pozwala mu na wykonywanie obliczeń przy użyciu obu stanów 0 i 1 jednocześnie.

Ale ten spójny stan jest bardzo kruchy i trudny do utrzymania. Najmniejsza interakcja ze światem zewnętrznym doprowadziłaby do rozpadu systemu. Jest to problem dekoherencji, która jest przeszkodą w obliczeniach kwantowych. Dlatego też komputer musi utrzymywać stan koherencyjny do wykonywania obliczeń.

Jeśli pozwolimy, T aby był to czas rozluźnienia pojedynczego qubita i Δt jest to czas działania pojedynczej bramki logicznej, to liczbę zasług γ do obliczeń można zdefiniować jako [$\gamma = T / \Delta t$ 13], która jest w kolejności od liczby qubitów do liczby operacji bramki. Ponieważ stan superpozycji systemu L-qubitów powodowałby dekoherencję mniej więcej 2^L razy szybciej niż stan superpozycji jednego qubita [14], wówczas czas relaksacji systemu L-qubitów można w przybliżeniu oszacować jako czas 2^{-L} relaksacji obliczeń pojedynczego qubita. Tak więc minimalna energia wymagana do wykonania obliczeń kwantowych dla układu L-kwubitów może być podana z równania(11) jako

$$E_0 \approx \frac{h \nu_G L}{T} 2^L, \qquad (4.10)$$

gdzie ν_G jest liczba operacji na bramce.

Podobnie jak to równanie, minimalną energię wymaganą do przeprowadzenia obliczeń kwantowych z wykorzystaniem cząstki nadluminalnej można oszacować jako [15].

$$E_0' \approx \frac{h\nu_G L}{\beta(\beta-1)T} 2^L \quad . \qquad (4.11)$$

Załóżmy, że $E_0 = E_0'$ wzrost wielkości kubita w celu wykonania obliczeń za pomocą superluminalnego fotonu ewazyjnego w porównaniu z obliczeniami konwencjonalnymi może być podany przez

$$\Delta L \approx \frac{\log_2[\beta(\beta-1)]}{1+1/L\log 2} \quad , \qquad (4 \qquad .12)$$

gdy satysfakcjonujące $\Delta L < L$.

Na tej podstawie możemy oszacować wzrost wielkości kubita w obliczeniach kwantowych z wykorzystaniem superluminalnej fotonów ewazyjnych w porównaniu z konwencjonalnym systemem komputerowym.

4.5 Możliwość obliczeń kwantowych wewnątrz mikrotubeli w mózgu

Z wysokiej wydajności możliwości obliczeń kwantowych, istnieje wiele badań, które mogą wyjaśnić wyższą wydajność ludzkiego mózgu, w tym świadomości. Zgodnie z propozycją Feynmana optyczna sieć komputerowa jest najbardziej realnym kwantowo-mechanicznym komputerem spośród wielu możliwości, takich jak komputer nadprzewodnikowy, a Hameroff zasugerował, że mikrotuble w mózgu działały jako falowniki dla fotonów i jako holograficzne procesory [16].

Cytoskelton komórek biologicznych, w tym neuronów mózgu, składa się z mikrotubeli, jak pokazano na rys. 7.

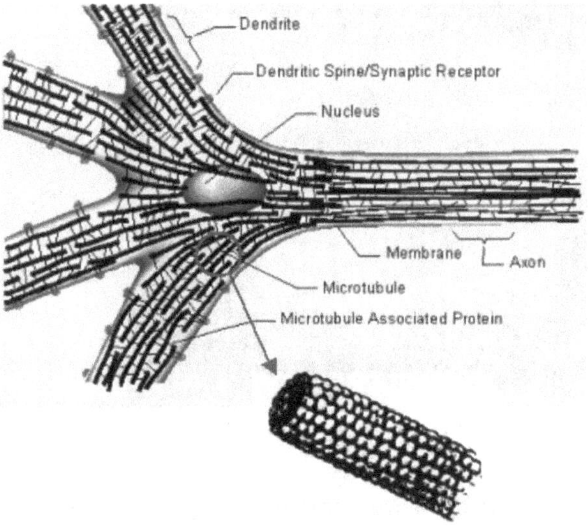

Rysunek. 7 Struktura tublinowa i mikrotuby.

Każdy mikrotubel to wydrążona, cylindryczna rurka z białkami bulwiastymi, jak pokazano na rys. 8, której zewnętrzna średnica rdzenia wynosi 25 nm.

Mikrotubule składają się z podjednostek białka, zwanych tubuliną [17]. Białka zawieraj± hydrofobowe (hydrofobowe) kieszenie, które zawieraj± atomy z elektronami zwanymi elektronami, π co oznacza elektrony w reaktywnej zewnętrznej czę¶ci (zewnętrznej powłoce) atomu, które nie s± zwi±zane z innymi atomami. Podjednostki białka tubuliny w mikrotubule mają hydrofobowe kieszenie w obrębie dwóch nanometrów od siebie, które są na tyle bliskie, że π elektrony tubuliny splątały się kwantowo.

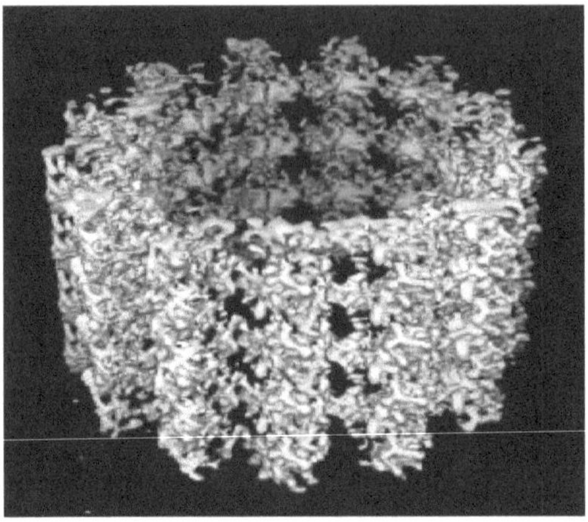

Rysunek. 8 Schematyczny schemat struktury mikrotubów.

Każda cząsteczka tubiny może funkcjonować jako przełącznik pomiędzy dwoma konformacjami, które istnieją w kwantowej superpozycji obu stanów konformacji.

Wymiary centymetrów są zbliżone do długości fal światła w zakresie podczerwieni i widma widzialnego, dzięki czemu mogą one pełnić rolę koherentnych fazowo, rezonansowych falowodów [18] (jak pokazano na Rys.9), które można odwzorować na wirze materiału i mogą one pełnić rolę odzyskiwania, sprzęgania/plątania stanów wirowych materiałów [19].

Tak więc każda cząsteczka tublina może funkcjonować jako przełącznik pomiędzy dwoma konformacjami, które istnieją w kwantowych superpozycjach obu stanów konformacyjnych.

Według Jibu i wsp. [20,21], mikrotubowe stany kwantowe łączą się z tymi z innych neuronów poprzez kwantowe koherentne fotony tunelujące przez błony w układach biologicznych, a cytoszkieletowe stany białkowe są zaplątane przez te fotony, które tworzą koherentne domeny w ich interakcji z lokalnym polem elektromagnetycznym.

Hameroff i Tuszynski [22] zaproponowali, aby mikrotubliny podjednostki uległy koherentnemu wzbudzeniu, co prowadzi do automatycznej sekwencji, w której w niektórych tublinach pojawia się kwantowa superpozycja koherentna, a świadomość pojawia się tak, jak to pokazano na rys. 10.

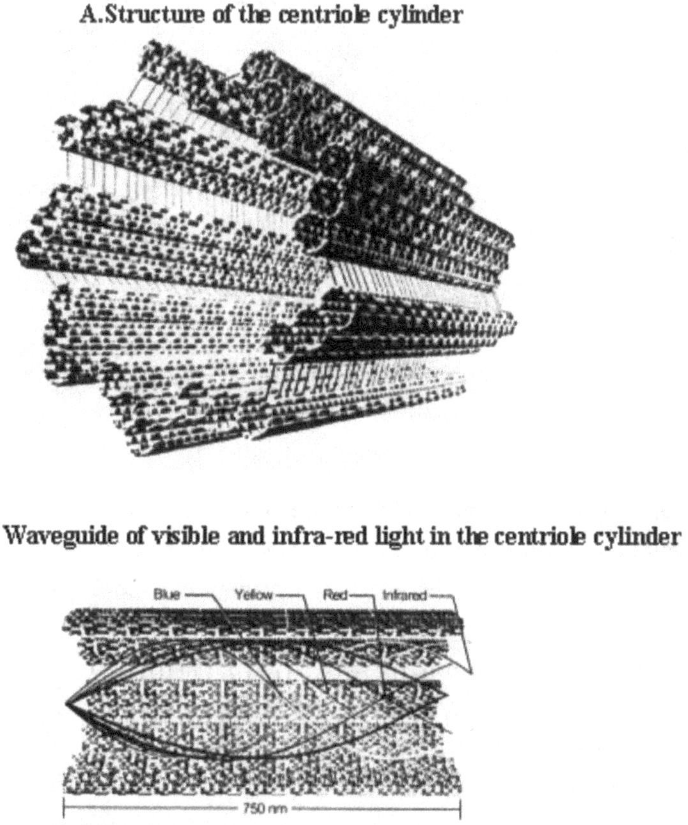

Rys.9 Budowa walca centrycznego i falowodu światła widzialnego i podczerwonego w walcu centrycznym.

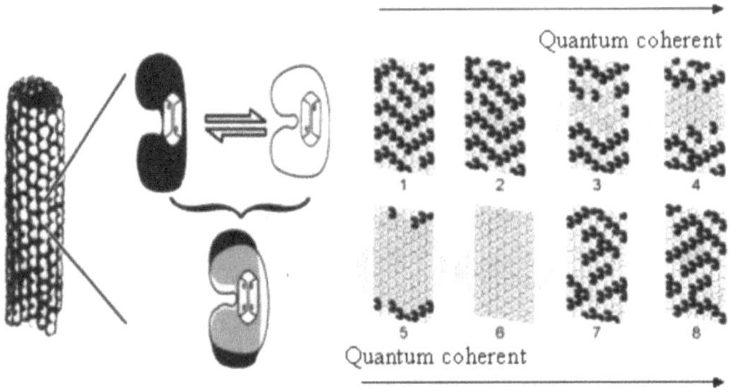

Rysunek. 10 Obliczenia kwantowe przeprowadzone wewnątrz mikrotubule.

Zgodnie z ich hipotezą mózgu kwantowego, stany kwantowe microtuble łączą się z tymi innych neuronów poprzez kwantowe koherentne tunelowanie fotonów przez błony w układach biologicznych, funkcjonujące w sposób przypominający komputer z pułapką jonową.

Z drugiej strony, Hameroff i Penrose [23] skonstruowali teorię, w której ludzka świadomość jest wynikiem kwantowego oddziaływania grawitacji w mikrotubule, którą nazwali Orch-OR (orchestrated object reduction), polegającą na specyficznej formie kwantowych obliczeń prowadzonych na poziomie synaps wśród neuronów mózgu. Zasugerowali oni, że mikrotubule w neuronach mózgu funkcjonują jako kwantowe komputery z białkami tublinowymi w makrotublach, działające jako kwantowe bity obliczeniowe poprzez dwustanowe q-bity utworzone z monomerów tublinowych.

Hameroff zaproponował, że mikrotubule są odpowiednimi kandydatami do wspomagania przetwarzania kwantowego [24]. Mikrotubule składają się z podjednostek białka, tubulin. Białka stanowią dużą część siły napędowej organizmów żywych. Białka zawierają kieszenie hydrofobowe (hydrofobowe). Kieszenie te zawieraj± atomy o elektronach zwanych π elektronami, co oznacza elektrony w reaktywnej zewnętrznej czę¶ci (zewnętrznej powłoce) atomu, które nie s± zwi±zane z innymi atomami. Podjednostki białka tubuliny w mikrotubule mają hydrofobowe kieszenie w odległości dwóch nanometrów od siebie. Hameroff twierdzi, że jest to wystarczająco blisko, aby π elektronów tubuliny zaplątało się kwantowo. Zaplątanie kwantowe jest stanem, w którym cząstki kwantowe mogą zmieniać swoje właściwości natychmiast i na odległość, w sposób, który nie byłby możliwy, gdyby były obiektami wielkoskalowymi, spełniającymi prawa fizyki klasycznej w przeciwieństwie do kwantowej.

W przypadku elektronów w podjednostkach tubulinowych mikrotubulek, Hameroff zaproponował, że duża ilość tych elektronów może się zaangażować w stan znany jako kondensat Bose-Einsteina. Występują one, gdy duże ilości cząstek kwantowych zostają zablokowane w fazie i istnieją jako pojedynczy obiekt kwantowy. Są to cechy kwantowe w skali makroskopowej, a Hameroff sugeruje, że poprzez taką cechę aktywności kwantowej, która jest zwykle w bardzo małej skali, może być zwiększona do wpływu na dużą skalę w mózgu.

Hameroff zaproponował, że skropliny w mikrotubulach jednego neuronu mogą łączyć się z innymi neuronami za pomocą połączeń szczelinowych. Oprócz połączeń synaptycznych między komórkami mózgu, złącza szczelinowe są inną kategorią połączeń, gdzie szczelina między komórkami jest wystarczająco mała, aby obiekty kwantowe mogły ją przekroczyć za pomocą procesu znanego jako tunelowanie kwantowe. Hameroff proponuje, aby tunelowanie to pozwoliło obiektowi kwantowemu, takiemu jak wspomniane powyżej kondensaty Bose-Einsteina, skrzyżować się z innymi neuronami, a tym samym rozszerzyć się na duży obszar mózgu jako pojedynczy obiekt kwantowy. On dalej postuluje, że działanie tego wielkoskalowego obiektu kwantowego jest źródłem synchronizacji gamma (40 Hz) obserwowane w mózgu, a czasami postrzegane jako korelat świadomości. Na poparcie znacznie bardziej ograniczonej teorii, że skrzyżowania luki są związane z oscylacją gamma, Hameroff cytuje szereg badań z ostatnich lat.

Teoria Orch OR łączy hipotezę Penrose'a w odniesieniu do twierdzenia Gödela z hipotezą Hameroffa w odniesieniu do mikrotubulek. Razem, Penrose i Hameroff zaproponowali, że gdy kondensaty w mózgu podlegają obiektywnej redukcji ich funkcji falowej, że zapaść łączy się z nie-komputerowego podejmowania decyzji / doświadczenie osadzone w geometrii podstawowej czasoprzestrzeni.

W teorii proponuje się również, aby mikrotubule wpływały na konwencjonalną aktywność synaps między neuronami i były pod wpływem tej aktywności. Skrót Orch in Orch OR oznacza Orchestrated, co daje pełną nazwę teorii Orchestrated Objective Reduction. Orkiestracja odnosi się do hipotetycznego procesu, w którym białka łączące, znane jako białka związane z mikrotubulami (MAPs), wpływają lub orkiestrują kwantowe przetwarzanie mikrotubulek.

Być może konieczne jest przypomnienie różnych zastrzeżeń do tej skomplikowanej teorii. Przyjęcie przez Penrose'a twierdzenia Gödela jest odrzucane przez wielu filozofów, logików i badaczy sztucznej inteligencji (robotyki). Jego propozycja obiektywnej redukcji różni się od wszystkiego innego w fizyce. Głównym zarzutem w stosunku do strony Hameroffa jest to, że jakakolwiek kwantowa cecha w środowisku mózgu uległaby załamaniu (redukcji) funkcji falowej w wyniku interakcji ze środowiskiem, o wiele za szybko, aby mogła mieć jakikolwiek wpływ na procesy nerwowe.

Wnętrza neuronów przechodzą na przemian stany ciekłe (roztwór: zol) i quasi-stałe (galaretowate: żelowe). W stanie żelu, cząsteczki wody, które są dipolami elektrycznymi, są uporządkowane lub zorientowane w tym samym kierunku, wzdłuż zewnętrznej krawędzi podjednostek tubuliny mikrotubuli. Hameroff i wsp. zaproponowali, aby ta uporządkowana woda mogła przesiewać jakąkolwiek kwantową koherencję wewnątrz tubuliny mikrotubulek z otoczenia pozostałej części mózgu. W tubulinie znajduje się również ogon wystający z mikrotubulek, który jest naładowany ujemnie, a zatem przyciąga dodatnio naładowane jony. Sugeruje się, że może to zapewnić dalsze badanie przesiewowe. Ponadto zasugerowano, że mikrotubule mogą być pompowane do spójnego stanu przez energię biochemiczną.

Sugeruje się wreszcie, że konfiguracja siatki mikrotubulowej może być odpowiednia do korekcji błędów kwantowych, czyli do utrzymania spójności kwantowej w obliczu oddziaływania środowiskowego. Niewiele jest istniejących dowodów bezpośrednio potwierdzających teorię RNO, chociaż artykuł w czasopiśmie Nature z 2007 r., w którym twierdzono, że kwantowa spójność w układach fotosyntetycznych roślin jest możliwym wskaźnikiem spójności kwantowej w tkankach biologicznych.

M.Jibu i wsp. [20] zaproponowali również, że świadomy proces w mózgu jest związany z makroskopowymi kondensatami masywnych fotonów ulotnych generowanych przez mechanizm Higgsa, wynikających z dynamicznych efektów oddziaływania elektromagnetycznego pomiędzy dipolami elektrycznymi w układach biologicznych, co było badane przez Del Guidance i wsp. [25].

Twierdzili oni, że ludzka świadomość może być rozumiana jako wynikająca z tej dynamiki tworzenia-nihilacji skończonej liczby ulotnych (tunelujących) fotonów w mózgu. Uważali również, że każdy mikrotubel jest spójnym optycznym enkoderem w gęstej mikroskopijnej optycznej sieci komputerowej w cytoplazmie każdej komórki mózgu, działającym jako holograficzny procesor informacyjny. G. Vitiello [26] zaproponował, że mechanizmy świadomościowe w mózgu osiągane są poprzez kondensację trybów zbiorowych (zwanych bozonami Nambu-Goldstone) w próżni.

Faber i wsp. [27] zaproponowali model umysłu oparty na założeniu, że mikrotuble neuronów mogą wykonywać obliczenia i oszacowali korzystny stan przechowywania i przetwarzania informacji, który znaleziono w temperaturze zbliżonej do temperatury ludzkiego ciała.

4.6 Trudności modelu Orch OR zaproponowanego przez Penrose'a

Fala lub forma superpozycji kwantowej jest określana jako kwantowo spójna. Interakcja z otoczeniem powoduje dekoherencję, zwaną też falowym załamaniem funkcji. Zastanawiano się, w jaki sposób taka kwantowa koherencja mogłaby zapobiec gwałtownej dekoherencji w warunkach pracy mózgu.

W odniesieniu do tego pytania szeroko cytowana jest praca fizyka Maxa Tegmarka obalająca model Orch OR i opublikowana w czasopiśmie Physical Review E [28].

Unruh [29] stwierdził również, że czas potrzebny do obliczeń kwantowych musi być krótszy niż skala czasu termicznego $\hbar / k_B T$, która daje sekundę 2.6×10^{-14} przy temperaturze pokojowej ($T = 300°K$).

Wartość ta jest zbyt mała, aby konwencjonalne procesory krzemowe mogły wykonać jedną operację bramy.

Tegmark opracował model dla czasu do dekoherencji i na tej podstawie obliczył, że stany kwantowe mikrotubule będą utrzymywać się tylko przez 10-13 sekund w temperaturze mózgu, o wiele za krótko, aby były istotne dla przetwarzania neuronów [28].

Tegmark opublikował w swojej pracy [28] obalenie modelu Orch-OR, zgodnie z którym skala czasowa wystrzałów neuronów i pobudzeń w mikrotublach była co najmniej o pewien współczynnik wolniejsza od czasu dekoherencji $1/10^{10}$. Według jego pracy jest mało prawdopodobne, aby mózg funkcjonował jako komputer kwantowy w temperaturze pokojowej.

W odpowiedzi na jego pracę, również opublikowaną w Recenzjach Fizycznych E, fizycy Scott Hagan i Jack Tuszynski oraz Hameroff [30] twierdzili, że Tegmark nie odniósł się do modelu Orch OR, lecz do modelu własnej konstrukcji. Polegało to na nakładaniu się na siebie kwantów oddzielonych od siebie 24 nanometrami (miliardowymi częściami metra), a nie na znacznie mniejszych separacjach przewidzianych dla OR.

W rezultacie grupa Hameroffa twierdziła, że czas dekoherencji wynosi siedem rzędów wielkości więcej niż Tegmarka, ale wciąż jest znacznie krótszy od 25ms wymaganych, jeśli przetwarzanie kwantowe w teorii miało być powiązane z synchronią gamma 40 Hz, jak sugerował Orch OR.

Hagen, Hameroff i Tuszynski twierdzili, że Tegmark oparł swoje obliczenia na innym modelu niż Orch-Or, a założenia Tegmark powinny zostać zmienione [30]. Następnie Hameroff i Tuszynski zaproponowali ideę [31], że tubliny podjednostki mikrotubliny podlegają koherentnym pobudzeniom, co prowadzi do automatycznej sekwencji, w której w niektórych tublinach pojawia się kwantowa superpozycja koherentna, a w mózgu pojawia się świadomość.

Ale niektóre badania sugerują, że mózg wymaga obliczeń kwantowych dla percepcji [32], co oznacza, że ludzki mózg musi pracować jako system przetwarzania kwantowego.

Hameroff zaproponował w swojej pracy [24], że biologiczne przetwarzanie informacji może odbywać się poprzez komputerowe przenoszenie i rezonans pomiędzy podjednostkami białek cytoszkieletowych w mikrotublach. Jednak potrzeba zachowania makroskopowej kwantowej spójności w ciepłym, mokrym mózgu jest z pewnością poważnym problemem dla modelu Penrose'a-Hameroffa.

Ale potrzeba utrzymania makroskopijnej kwantowej spójności w ciepłym, mokrym mózgu jest z pewnością poważnym problemem dla modelu Penrose-Hameroffa.

4.7 Wysokowydajne obliczenia w fotonach tuneli mózgowych wykorzystujących mózg

W przeciwieństwie do badań wymienionych powyżej, postulujemy, że ludzki mózg jest kwantowym systemem komputerowym obsługiwanym przez superluminescencyjne fotony evanescent.

Rysunek.11 przedstawia tabelę prędkości przetwarzania na procesor PowerPC. Na podstawie tych danych można w przybliżeniu oszacować współczynnik szybkości przetwarzania / strat energii jako 2.9 J/s/G-Flops.

Power PC	Performance (1CPU)	Watt (1CPU)
PPC603	0. 4GFLOPS	6. 0W
PPC750	0. 6GFLOPS	8. 0W
PPC7410	3. 2GFLOPS	8. 3W
PPC7410	3. 7GFLOPS	10. 4W
PPC7447	6. 4GFLOPS	18. 5W

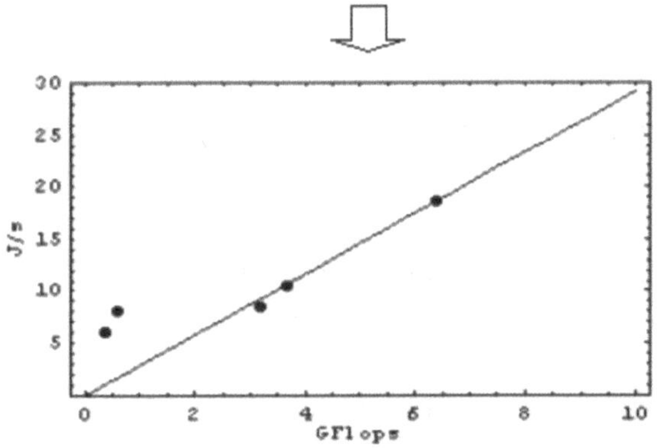

Illustracja.11 Utrata mocy wewnątrz procesora komputera Power PC.

Załóżmy, że szybkość obliczeniowa ludzkiego mózgu to 2×10^{16} operacje/sec, których energia wymagana do obliczeń przez PowerPC może być oszacowana jako 5.8×10^{7} J/s z rys.11. Ponieważ mózg ludzki zużywa szacunkową energię $500\ kcal$ na dobę $(=24.2 J/s)$, stosunek energii ludzkiego mózgu do energii procesora krzemowego staje się $R = 4.2 \times 10^{-7}$ podobny do obliczeń uzyskanych dla bramek QTP z $R = < E_* > / < E > \approx 1/\beta(\beta - 1)$ [33].

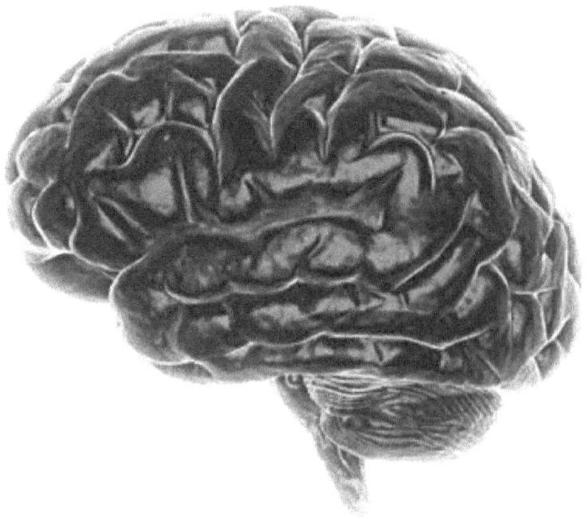

Rysunek. 12 Mózg ludzki zużywa szacunkową ilość energii mniej więcej 500 *kcal* na dzień.

Stąd widać, że ludzki mózg zużywa znacznie mniej energii niż konwencjonalne procesory krzemowe i uważa się, że ludzki mózg jest wydajnym systemem obliczeniowym wykorzystującym superluminescencyjne ulotne fotony.

Z wykresów (4.8) i (4.12) widać, że biologiczny mózg ma możliwość wykonania wysokowydajnych obliczeń do 20 qubitów więcej niż konwencjonalne procesory krzemowe z takim samym rozproszeniem energii, gdy jest ono zadowalające $\Delta L < L$, jak pokazano na rys.13 dla częstotliwości światła podczerwonego, którego długość fali jest $\lambda = 100 \mu m$, gdzie fotony rozmnażałyby się bez strat w mikrotubule w obszarze widma podczerwonego [34], jeśli pozwolimy $d \approx 15nm$, co jest tej samej kolejności, jak przestrzeń zewnątrzkomórkowa między komórkami mózgu.

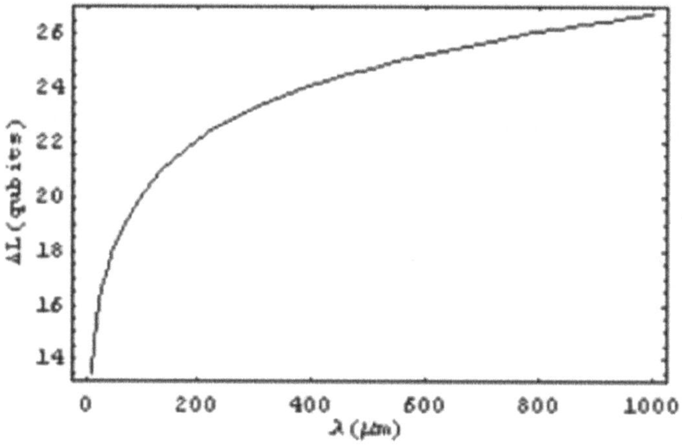

Rys.13 ΔL oraz długość fali nadświetlnego światła opadowego.

Ten wynik obliczeń sugeruje, że ludzki mózg może wykonywać procesy obliczeniowe bardziej wydajnie w środowisku o wysokiej temperaturze niż konwencjonalne procesory krzemowe.

Tegmark obliczył, że mikrotuble w ciepłym i mokrym mózgu spowodują dekoherencję rzędu s $\tau \approx 10^{-13}$ [28], która jest wolniejsza o współczynnik co najmniej mniejszy 10^{10} niż skala czasowa wypalania neuronów, $\tau \approx 10^{-3} \sim 10^{-4}$ s, od

$$\tau \approx \frac{D^2\sqrt{mk_BT}}{Ngq_e^2}, \qquad (4.13)$$

gdzie jest D średnica rurki, m jest masa jonu, k_B jest stała Boltzmanna, $g = 1/4\pi\varepsilon_0$ q_e jest ładunkiem jonowym i $N = Q/q_e$.

W przeciwieństwie do jego obliczeń, można wykazać, że procesor kwantowy wykorzystujący superluminalną fotony ewazyjne może wykonać obliczenia w celu zaspokojenia skali czasowej wymaganej do obliczeń kwantowych w mikrotublach w oparciu o poniższe rozważania.

Czas dekoherencji układu kwantowego [35] może być podany przez

$$\tau_D = \frac{\hbar^2}{\tau_0} \frac{1}{(\Delta E)^2}, \qquad (4.14)$$

gdzie τ_0 jest pewna skala czasowa do pomiaru siły niepewności czasu.

Z równań (4.10) i (4.11), stosunek czasów dekoherencji obliczeń kwantowych wykorzystujących fotony ewazyjne (tunelowanie) do konwencjonalnych obliczeń kwantowych staje się następujący

$$\tau'_D / \tau_D \approx (E_0 / E'_0)^2 = [\beta(\beta - 1)]^2. \qquad (4.15)$$

Kiedy pozwolimy $\tau_D = 2.6 \times 10^{-14}$, co jest czasem wymaganym w obliczeniach kwantowych w temperaturze pokojowej, mamy na [$\tau'_D = \tau_D \times [\beta(\beta - 1)]^2 \approx 0.03 \sec$ $\lambda = 100 \mu m$ 15].

Spełnia to czas dekoherencji, $10^{-5} \sim 10^{-4} \sec$ który jest wymagany do przeprowadzenia obliczeń kwantowych oszacowanych przez Hagena, Hameroffa i Tsuzyńskiego [30], a także odpowiada skali czasowej wystrzału neuronów podanej przez $\tau \approx 10^{-3} \sim 10^{-4}$ sek. Konwencjonalnie zakłada się, że mózg wydaje się o wiele za ciepły na obliczenia kwantowe pozornie borykający się z problemem czasu dekoherencji, który w temperaturze mózgu utrzymałby się tylko przez kilka 10^{-13} sekund. Ale ostatnie dowody pokazują, że procesy kwantowe w cząsteczkach biologicznych są faktycznie wzmacniane w wyższych temperaturach [36].

Uważa się więc, że koherentne stany kwantowe mogą być zachowane w mikrotubulach w temperaturze pokojowej przez nadświetlne fotony, które osiągają wysoką sprawność obliczeniową w porównaniu z konwencjonalnymi procesorami krzemowymi bez proponowanego przez Penrose'a mechanizmu grawitacji kwantowej [37].

Ciepłe i mokre środowisko wewnętrzne mózgu nie pozwala na długotrwałe zaplątanie i nakładanie się dwóch jednostek funkcjonalnych z konwencjonalnego mechanizmu fizycznego, jak wskazuje wynik obliczeń Tegmarka, a zatem musimy szukać innego mechanizmu, na przykład poprzez superluminalny foton zwany tachionem.

Jeśli ten mechanizm jest prawdziwy dla funkcji mózgu, możemy uzyskać możliwość realizacji znacznie bardziej wydajnych systemów komputerowych, takich jak ludzki mózg, poprzez wykorzystanie ulotnych fotonów.

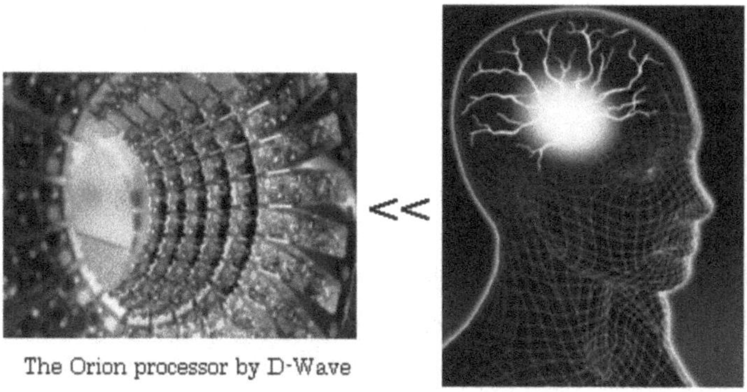

Quantum Computer (electron) **Human brain (Tachyon network)**

Rys.14 Wyższość ludzkiego mózgu w porównaniu z procesorem krzemowym.

Podsumowując, na podstawie twierdzenia, że ulotny foton jest cząstką nadluminalną, zbadano możliwość przeprowadzenia obliczeń o wysokiej wydajności w układach biologicznych. Na podstawie analizy teoretycznej przedstawionej w tym rozdziale wykazano, że mózg biologiczny ma możliwość osiągnięcia dużych obliczeń kwantowych w temperaturze pokojowej w porównaniu z konwencjonalnymi procesorami. Dlatego też uważa się, że mózg ludzki może osiągnąć wysokowydajne obliczenia w porównaniu z procesorami krzemowymi, jak pokazano na Rys.14.

Wciąż jednak pozostają pytania: jak określić kubit w mózgu, jak jest on związany z funkcjonującym neuronem i jak określić różnicę między rejestrami pamięci a jednostkami przetwarzającymi w mózgu. Pytania te muszą zostać wyjaśnione przez dalsze badania.

Rozdział.5

Pamięć holograficzna w ludzkich systemach biologicznych

Daniel Pollen i Michael Trachtenberg [1] zaproponowali holograficzną teorię mózgu [2], aby pomóc wyjaśnić istnienie fotograficznych wspomnień u niektórych ludzi. Sugerowali oni, że takie osoby mają bardziej żywe wspomnienia, ponieważ w jakiś sposób mogą mieć dostęp do bardzo dużego obszaru swoich hologramów pamięci. S. R. Hameroff zasugerował w swojej pracy, że centryczny cylinder składający się z mikrotubulek funkcjonuje jako falowód dla ulotnych fotonów do kwantowego przetwarzania sygnału [3]. Georgiev zaproponował również koncepcję, że świadomość może być wynikiem obliczeń kwantowych za pomocą zastosowanych impulsów laserowo-podobnych w bramkach kwantowych w obrębie kory mózgowej [4]. Następnie Georgiev doszedł do wniosku, że mechanizm ten nie może być użyty do manipulowania kwantowymi kubitami wewnątrz jamy mikrotubulowej, czy też centiolem, ponieważ długość fali fotonów jest o dwa rzędy wielkości większa od wielkości tych centiolek [5]; superpromieniotwórcze fotony w jamie mikrotubulowej mogą mieć długość fali $\lambda = 100nm$ lub więcej sugerowaną przez Smitha [6], niezgodną z długością jamy mikrotubulowej średniej wielkości, która wynosi około 1nm. W związku z tym nie można było wykorzystać emisji superpromieniowania do sygnalizowania kwubitów w sposób podobny do laserów fal stojących w obliczeniach pułapki jonowej.

Jako mechanizm alternatywny autor proponuje, aby cylinder utworzony przez mikrotubulę miał ujemny współczynnik załamania światła, podobny do metamateriału [7]. Zazwyczaj metamateriały są tworzywami sztucznymi, zaprojektowanymi tak, aby posiadały ujemny współczynnik załamania światła, właściwość, która nie występuje normalnie w naturze [8]. Zazwyczaj uzyskują one swoje właściwości raczej ze struktury niż ze składu, wykorzystując mikroskopijne niejednorodności do stworzenia efektywnego zachowania makroskopowego.

Wydaje się, że materiały o ujemnym współczynniku załamania światła pozwalają na tworzenie supersoczewek, które mogą mieć rozdzielczość przestrzenną niższą od długości fali [9]. Jeżeli wewnętrzne medium cylindra mikrotubuli posiada cechy ujemnego współczynnika załamania światła, to wytwarzanie fotonów ewazyjnych jest wzmocnione i rozchodzą się one bez strat wewnątrz neuronów zgodnie z właściwościami metamateriału.

5.1 Mechanizm pamięci holograficznej oparty na superluminescencyjnych fotonach w mikrotubule

Ze względu na wysoką wydajność obliczeń kwantowych, istnieją znaczne badania nad tym, jak obliczenia kwantowe mogą wyjaśnić zachowania wydajnościowe ludzkich mózgów, w tym samej świadomości. Jak zaproponował Feynman, optyczna sieć komputerowa jest najbardziej realnym kwantowym komputerem mechanicznym i Hameroff zasugerował, że jamy mikrotubulowe w mózgu mogą działać jako falowniki dla fotonów i jako procesory holograficzne [10].

Cytoszkielet komórek biologicznych, w tym neuronów mózgu, składa się z mikrotubulek. Mikrotubule składają się z podjednostek białka, zwanych tubuliną [11]. Każda mikrotubulka jest pustą, cylindryczną rurką z białkami tubuliny, jak pokazano na rycinie 1, której zewnętrzna średnica rdzenia wynosi 25 nm. Każda cząsteczka tubuliny w każdej mikrotubule może funkcjonować jako przełącznik pomiędzy dwoma konformacjami istniejącymi w kwantowej superpozycji obu stanów konformacyjnych [12]. Wymiary centymetrów są zbliżone do długości fal światła w podczerwieni i widma widzialnego tak, że mogą one działać jako falowody koherentne fazowo, rezonansowe [13].

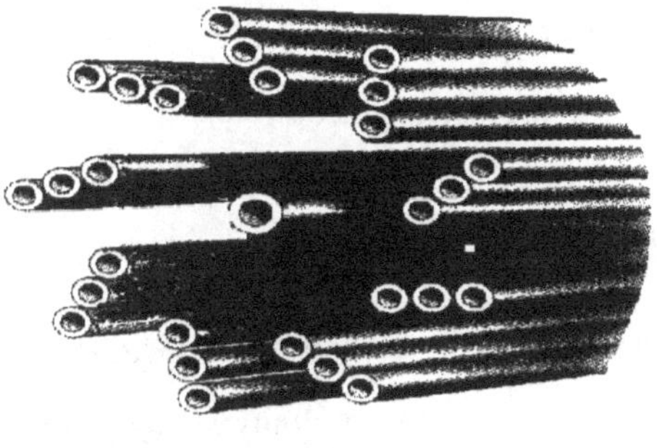

Rysunek 1. Struktura mikrotubulek tworzących jamę centrylową.

Według Jibu i wsp. [14-16], kwantowe stany mikrotubulowe łączą się z tymi z innych neuronów poprzez kwantowe koherentne fotony tunelujące przez błony w układach biologicznych, a cytoszkieletowe stany białkowe są uwikłane przez te fotony, które tworzą koherentne domeny w ich interakcji z lokalnym polem elektromagnetycznym. Twierdzili oni, że ludzka świadomość może być rozumiana jako wynikające z tych tworzenia-anihilacji dynamiki skończonej liczby evanescent (tunelowanie) fotonów w mózgu.

E. Recami [17,18] twierdził w swoich pracach, że tunelowanie fotonów podróżujących w trybie ewakuacyjnym może poruszać się z nadświetlną prędkością grupy, co można pokazać w następujący sposób;

Foton ewazyjny wygenerowany w domenie kwantowej spełnia następujące równanie Kleina-Focka-Gordona podane przez

$$\left[-\frac{1}{c^2}\frac{\partial^2}{\partial t^2}+\nabla^2-\frac{m_0^2c^2}{\hbar^2}\right]\varphi(x,t)=0 \quad , \qquad (5 \qquad .1)$$

gdzie c jest prędkość światła, m_0 jest bezwzględną wartością właściwej masy opadającego fotonu i $\hbar$ jest stałą Plancka podzieloną przez 2π.

Równanie to daje rozwiązanie dla fotonów podróżujących w trybie evanescentowym jako

$$\varphi(x,t)=A_0\exp\left[-\frac{Et+px}{\hbar}\right] \quad , \qquad (5 \qquad .2)$$

która odpowiada cząstce elementarnej o wyimaginowanej masie im_0, która porusza się z prędkością nadświetlną, zadowalającą

$$E^2=p^2c^2-m_0^2c^4 \quad , \qquad (5 \qquad .3)$$

gdzie E jest energia cząsteczki nadluminalnej i p jej pęd. Widać więc, że fotony tunelujące podróżujące w trybie ulotnym mogą poruszać się z prędkością nadluminalną.

Wychodząc z założenia, że ulotny foton jest cząstką nadluminalną, autor pokazał, że mikrotubule w mózgu biologicznym mogą osiągać obliczenia kwantowe (qubit) na dużych zbiorach danych, co odpowiadałoby wysokiej wydajności tych obliczeń w porównaniu z konwencjonalnymi procesorami [19].

Dlatego też wydaje się wysoce prawdopodobne, że makroskopijne kwantowe układy dynamiczne ulotnych fotonów w mózgu, uporządkowane w sposób dynamiczny, mogłyby odegrać istotną rolę w urzeczywistnieniu biologicznego porządku dalekiego zasięgu w systemach żywych. Ziółkowski zaznaczył w swojej pracy, że w metamateriałach elektromagnetycznych możliwa jest propagacja impulsu nadluminalnego, która umożliwia następczą wymianę nadluminalną bez naruszenia przyczynowości [20].

Metamateriały są tworzywami sztucznymi o właściwościach, które mogą nie występować w naturze. Są one zespołami wielu pojedynczych elementów wykonanych z konwencjonalnych mikroskopijnych materiałów, takich jak metale lub tworzywa sztuczne, ale materiały te są zazwyczaj układane w okresowe wzory, jak pokazano na rys. 2.

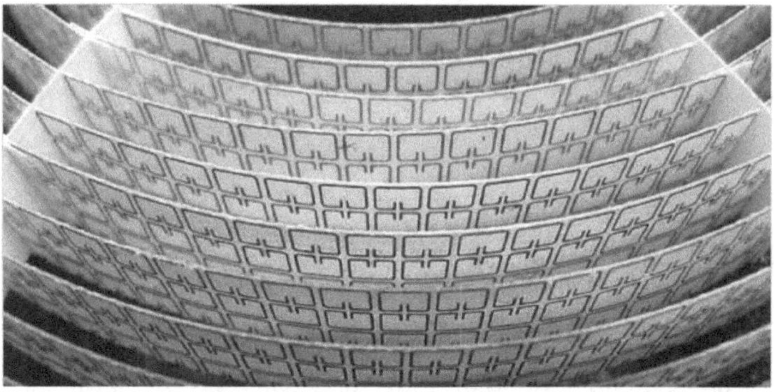

Rys.2 Struktura meta-materiału elektromagnetycznego (lewoskrętny układ metamateriałowy składający się z miedzianych rezonatorów i drutów).

Metamateriały uzyskują swoje właściwości nie na podstawie ich składu, ale na podstawie dokładnie zaprojektowanych struktur. Ich precyzyjny kształt, geometria, wielkość, orientacja i układ mogą w niekonwencjonalny sposób wpływać na fale światła lub dźwięku, tworząc właściwości materiału nieosiągalne w przypadku konwencjonalnych materiałów. Metamateriały te osiągają pożądane efekty poprzez zastosowanie elementów konstrukcyjnych o różnej długości fali, tj. cech, które w rzeczywistości są mniejsze niż długość fali.

Wydaje się, że materiały o ujemnym współczynniku załamania światła pozwalają na tworzenie supersoczewek, które mogą mieć rozdzielczość przestrzenną mniejszą niż długość fali. Jeżeli wewnętrzne medium cylindra mikrotubuli posiada cechy ujemnego współczynnika załamania światła, to wytwarzanie fotonów ewazyjnych jest wzmocnione i rozchodzą się one bez strat wewnątrz neuronów zgodnie z właściwościami metamateriału.

Jeżeli wewnętrzne medium cylindra mikrotubuli posiada cechy metamateriału o ujemnym współczynniku załamania światła, to fotony tunelujące będą się bezstratnie rozprzestrzeniać wewnątrz neuronów w sposób nieograniczony długością fali, dlatego też fotony podczerwone mogą być wykorzystywane do manipulacji qubitami w mózgu.

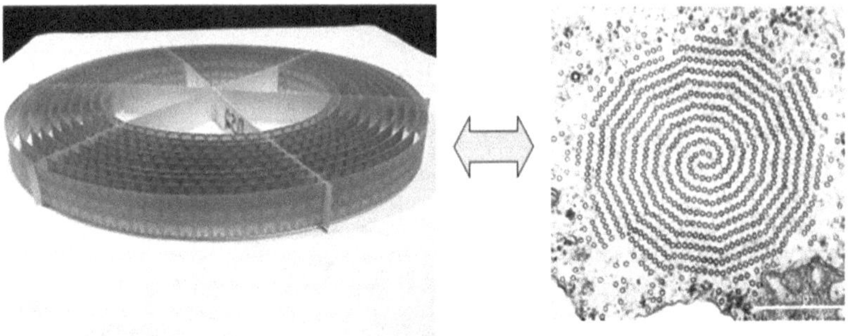

Rysunek. 3 Podobieństwo między metamateriałem (lewy rysunek) a mikrotubulą (prawy rysunek).

Podobny do pomysłu prof. Hameroffa, dr Georgiev przedstawił ideę, że świadomość może być wynikiem obliczeń kwantowych za pomocą krótkich, przypominających lasery impulsów kontrolujących bramy kwantowe w korze mózgowej.

Później jednak odrzucił tę teorię, ponieważ długość fali emisji superpromieniotwórczego fotonu w widmie podczerwieni jest o dwa rzędy wielkości większa niż w przypadku każdej wielkości mikrotubule [4]. Jeśli więc zaproponuje się ten mechanizm, to foton podczerwony nie może odpowiadać za manipulację kwantowymi kwantowymi kubitami wewnątrz mikrotubuli [4].

Aby uniknąć tego problemu, sugerujemy, aby substancja w cylindrze mikrotubulacyjnym miała właściwości metamateriału składającego się ze struktur podfalowych. Ponieważ fale ewazyjne wewnątrz mikrotubuli mogą się rozprzestrzeniać poniżej częstotliwości granicznej określonej przez $f_c = c/2d$, gdzie d jest średnica falowodu, możemy modelować falę ewazyjną zgodnie z teorią holografii fal ewazyjnych [21] przedstawioną poniżej;

Podstawową ideą holografii fali ulotnej jest wykorzystanie fali ulotnej jako fali referencyjnej i jako fali odczytowej [22]. Załóżmy, że rozkład pola fali rozchodzącej się w mikrotubule jest okresowy wewnątrz rdzenia, a ewazyjny poza tym obszarem podany przez

$$U_e(x,z) = U_e \exp(ik_e x)\exp(-k_e z) \quad , \qquad (5.4)$$

oraz

$$U_p(x,z) = U_p \exp[i(k_p x + k_p z)] \quad , \qquad (5.5)$$

U_e gdzie jest to fala ewazyjna i U_p jest to fala rozchodząca się z zewnątrz falowodu mikrotubulacyjnego, jak pokazano na Rys.4.

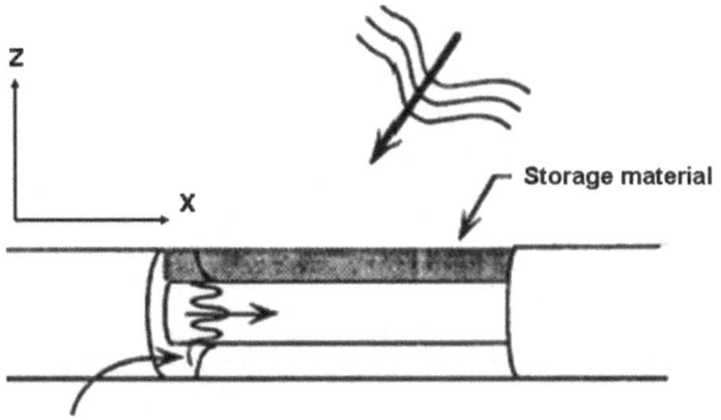

Rys.4 Rejestracja hologramu fali ulotnej w falowniku mikrotubulacyjnym.

Jak pokazano na Rys.4, zakłócenia te U_p U_e są rejestrowane. Zakłócenie to będzie powodować proporcjonalne zmiany współczynnika załamania światła, które będą okresowe na całej długości każdej mikrotubule. Z równań (5.4) i (5.5), natężenie fali może być podane przez

$$\begin{aligned} I = &\frac{1}{2}\{U_p^2 + U_e^2 \exp(-2k_{ez}z)\} \\ &+ 2\,\mathrm{Re}\{U_e^* U_p \exp(i[k_{px} - k_{ex})x + k_{pz}z])\exp(-k_{ez}z)\} \end{aligned} \quad . (5.6)$$

Sugerujemy, aby cylinder mikrotubuli składał się z materiału składowego, którego grubość jest znacznie mniejsza w porównaniu z głębokością penetracji fal ewazyjnych. Reakcja czynnika rejestrującego na ten rozkład intensywności jest taka, że stała dielektryczna ε jest funkcją lokalnej intensywności podanej przez $\varepsilon = f(I \cdot \tau)$, gdzie τ jest czas ekspozycji.

Następnie całkowite pole, składające się z fali świetlnej i fali dyfrakcyjnej, można opisać za pomocą

$$\nabla^2 U + \left(\frac{\omega}{c}\right)^2 \varepsilon(r) U = 0, \quad (5.7)$$

i w ten sposób fala rozproszona przez każdy element objętościowy hologramu może być uzyskana przy użyciu funkcji Greena i zintegrowana z objętością hologramu, zgodnie z równaniem integralnym dla rekonstrukcji hologramu, podanym przez

$$U(\vec{r}) \approx \iint U_0(\vec{r}\,') \exp(-i\beta \vec{n} \cdot \vec{r}/|\vec{r}|)\varepsilon(\vec{r}) \cdot d\vec{r}, \quad (5.8)$$

gdzie jest to fala U_0 świetlna, U jest to fala zawierająca informacje o polu fali obiektowej i β jest parametrem spełniającym $[\nabla^2 + \beta^2]G(r', r) = -\delta(|r' - r|)$.

Oznacza to, że kierowana fala odczytowa rozchodzi się w tym samym kierunku co fala odniesienia podczas zapisu. Fala odczytowa jest dyfrakowana przez strukturę hologramu i pole obiektu może zostać zrekonstruowane.

Jest to ten sam mechanizm pamięci holograficznej mózgu, który został zaproponowany przez Pribrama i wsp. [2].

Rys.5 (a) przedstawia schemat rekonstrukcji pamięci zapisanej przez propagującą falę ewazyjną wewnątrz struktury mikrotubuli. Jak pokazano na tym rysunku, oświetlenie z falą odniesienia odtwarza U_r pole fali obiektywnej

U_o poprzez oddziaływanie z terminem $U_r U_o$ w strukturze dielektrycznej fizycznego podłoża dla pamięci wewnątrz struktury mikrotubuli.

Za pomocą tego mechanizmu, ewazyjny foton rozchodzący się wewnątrz mikrotubuli może manipulować przechowywaniem i umożliwiać odtworzenie przechowywanych danych lub pamięci, jak pokazano na rysunku 5 (b). Mechanizm holograficzny wyjaśniłby też jak nasz mózg może przechowywać tak wiele pamięci na tak małej przestrzeni. Jeśli mikrotubule przechowują wspomnienia za pomocą holografii fal ulotnych, sugeruje to, że upośledzenie świadomości, takie jak choroba Alzheimera, może być spowodowane częściowo utratą cech metamaterialnych podstruktury wewnątrz mikrotubule w mózgu.

Ponadto, nowy komputerowy system sprzętowy mógłby być skonstruowany przy użyciu podobnej techniki przechowywania i wyszukiwania danych, z pamięcią, która opiera się na zakłócających falach fotonów przechodzących przez siatkę holograficzną o strukturze neuronalnej mózgu; tj. sztuczny system holograficzny mózgu mógłby być teraz skonstruowany przy użyciu tego samego mechanizmu.

(a)

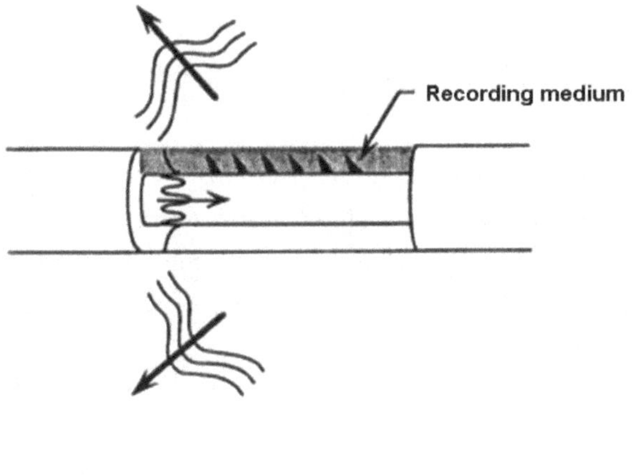

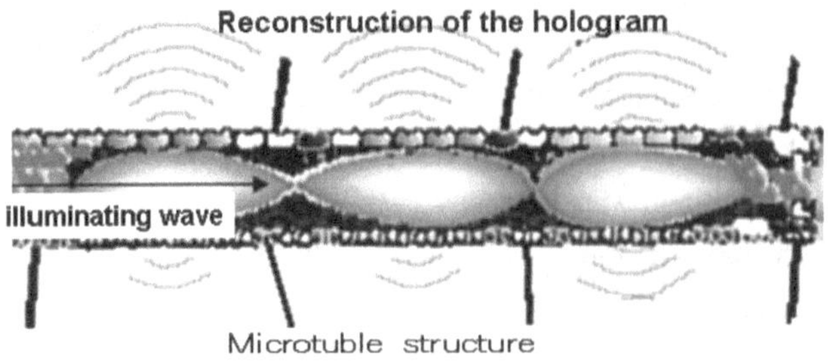

(b)

Rys. 5 a) Rekonstrukcja pola falowego przez prowadzoną falę odczytową.
b) Budowa mikrotubuły i rekonstrukcja obrazu hologramu.

Obecnie zaproponowano holograficzną teorię pamięci ludzkiej, która opiera się na wykorzystaniu ulotnych fotonów superluminescencyjnych do rejestrowania i odzyskiwania holograficznie zapisanych qubitów. Teoretycznie ustalono, że struktura mikrotubulowa wewnątrz biologicznego mózgu jest w stanie przechowywać wspomnienia jako hologramy, wykorzystując podłoże mikrotubulowe jako materiał do przechowywania, jeśli wnętrze jamy mikrotubulowej ma cechy metamateriału składającego się ze struktur podfalowych.

5.2 Holistyczny model funkcji mózgu

Mikrotubule mają więc zdolność zarówno do przechowywania pamięci, jak i przeprowadzania obliczeń kwantowych, co pokazano na rysunku 6. Ponieważ mikrotubule nie ograniczają się tylko do wnętrza mózgu, ale są rozłożone na wszystkie komórki w ludzkim ciele, możemy uznać, że świadomość jest rozłożona na całe ciało ludzkie.

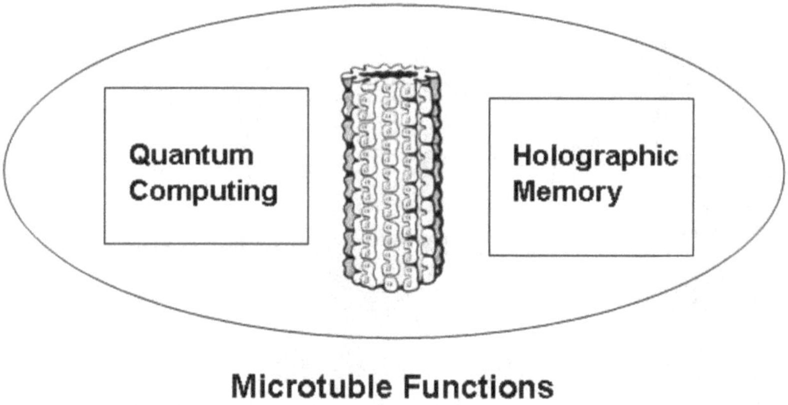

Rys.6 Funkcje mikrotublowania, obliczanie kwantowe i pamięć.

David Bohm uważał, że obiektywna rzeczywistość nie istnieje i pomimo swojej pozornej solidności, wszechświat jest w sercu fantazmatem, gigantycznym i niezwykle szczegółowym hologramem. Bohm był zaangażowany we wczesny rozwój holonomicznego modelu funkcji mózgu, modelu ludzkiego poznania, który drastycznie różni się od konwencjonalnie przyjętych idei. Bohm opracował teorię, że mózg działa w sposób podobny do hologramu, zgodnie z kwantowymi zasadami matematycznymi i charakterystyką wzorców fal [23].

Aby zrozumieć, dlaczego Bohm czyni to zaskakujące twierdzenie, należy najpierw zrozumieć, że hologram jest trójwymiarową fotografią wykonaną za pomocą lasera. Aby zrobić hologram, obiekt, który ma być sfotografowany, jest najpierw skąpany w świetle wiązki lasera. Następnie druga wiązka lasera jest odbijana od odbitego światła pierwszego i wynikający z tego wzór interferencji (obszar, w którym dwie wiązki lasera się stykają) jest rejestrowany na kliszy. Kiedy film jest wywoływany, wygląda jak bezsensowny zawirowanie jasnych i ciemnych linii. Ale gdy tylko wywołany film zostanie oświetlony przez inną wiązkę lasera, pojawia się trójwymiarowy obraz pierwotnego obiektu.

Przypomina to fabułę filmu Holywooda z 1999 roku zatytułowanego "Matrix". Film ten przedstawia przyszły świat, w którym rzeczywistość, postrzegana przez większość ludzi, jest faktycznie symulowaną rzeczywistością zwaną "Matrycą", stworzoną przez czujące maszyny, aby podporządkować sobie ludzką populację.

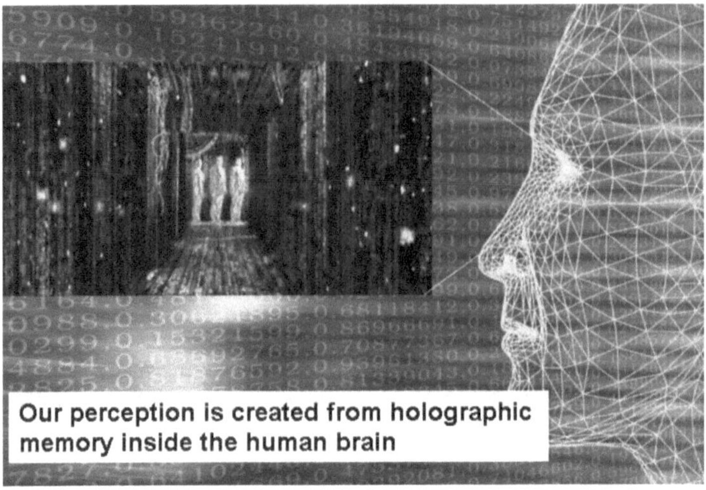

Rysunek.7 Czy nasz świat jest hologramem stworzonym przez nasze mózgi?

Założenie "Matrycy" jest związane z Platońską Alegorią Jaskini. Według Platońskiej teorii form, prawdziwą istotą przedmiotu nie jest to, co postrzegamy zmysłami, ale jego jakość. Platon porównuje ludzi niewykształconych w tej teorii do uwięzionych w jaskini. Za nimi świeci ogień i widzą oni cienie przedmiotów rzucanych na ścianę, ale nie same przedmioty. Ludzie ci postrzegają te cienie jako rzeczywistość i dlatego nie znają prawdziwej formy przedmiotów, a zatem są ograniczeni do tego fałszywego postrzegania. To, co obserwujemy i akceptujemy jako rzeczywistość, może być właśnie takim fałszywym postrzeganiem.

Rozdział.6

Super koherentna organizacja poprzez pole tachionowe

6.1 Porządek biologiczny dalekiego zasięgu w systemach życia

Roger Penrose i Stuart Hameroff zaproponowali kwantową teorię świadomości, aby wyjaśnić, że umysłowe przetwarzanie nie może być całkowicie mechaniczne lub algorytmiczne. R. Penrose (patrz Rys.1) zaproponował swoją ideę w swoich książkach [1-3] na temat związku między podstawową fizyką a ludzką świadomością, w których argumentował możliwość kwantowych obliczeń w ludzkich mózgach, która jest lepsza od konwencjonalnych systemów komputerowych. Jest oczywiste, że komputer cyfrowy nie może wykonywać wszystkich funkcji mózgu [2].

Rysunek.1 Penrose zaproponował teorię o obliczeniach kwantowych w ludzkim mózgu.

Istotną cechą teorii Penrose'a jest to, że wybór stanów, w których następuje obiektywna redukcja, nie jest wybierany losowo, podobnie jak wybory po załamaniu się funkcji falowych, ani całkowicie algorytmicznie. Wyboru stanów dokonuje się raczej poprzez "niekompatybilny" wpływ osadzony w skali Plancka geometrii czasoprzestrzeni. Penrose twierdzi, że takie informacje są platoniczne, reprezentują czystą matematyczną prawdę, estetykę i wartości etyczne w skali Plancka. Odnosi się to do idei Penrose'a dotyczących trzech światów: fizycznego, mentalnego i platońskiego świata matematycznego (Rys.2). W jego teorii świat platoński odpowiada geometrii podstawowej czasoprzestrzeni, która rzekomo wspiera myślenie niekomputacyjne.

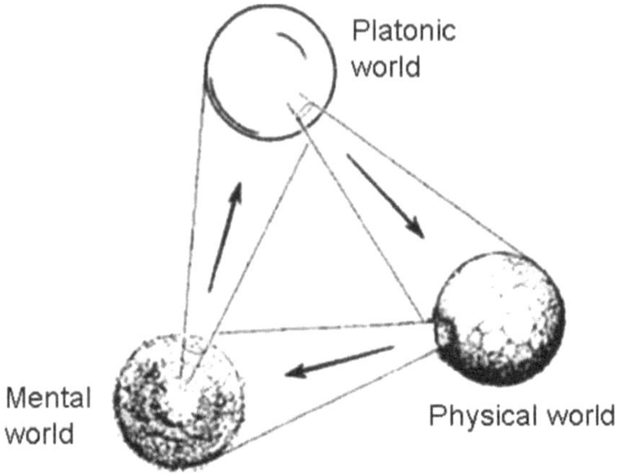

Rysunek 2. Trzy światy Penrose'a. Obraz ten schematycznie ilustruje ideę, że świat fizyczny można rozpatrywać jako projekcję z części Platońskiego świata wiecznych prawd, świat mentalny powstaje z części świata fizycznego (przypuszczalnie z mózgu), a świat platoński jest w jakiś sposób "chwytany" podczas niektórych czynności umysłowych.

Komputer kwantowy może ostatecznie funkcjonować bliżej funkcji ludzkiego mózgu, a następnie obliczeń cyfrowych, ponieważ mechanika klasyczna nie może w pełni wyjaśnić świadomości i kwantowe zjawiska mechaniczne, takie jak splątanie i superpozycja, mogą odgrywać ważną rolę w funkcji mózgu.

M.Jibu i wsp.[4] zaproponowali, że świadomy proces w mózgu był związany z makroskopowymi kondensatami masywnych ulotnych fotonów generowanych przez mechanizm Higgsa, tj. ogólne funkcjonowanie komórek biologicznych wynika z dynamicznego oddziaływania elektromagnetycznego pomiędzy dipolami elektrycznymi w systemach biologicznych, które były badane przez Del Guidance i wsp. Twierdzili oni, że ludzka świadomość może być rozumiane jako wynikające z tych tworzenia-annihilacji dynamiki skończonej liczby evanescent (tunelowanie) fotonów w mózgu.

E.Recami [6] twierdził w swoim referacie, że tunelowanie fotonów podróżujących w trybie ewakuacyjnym może poruszać się z nadświetlną prędkością grupy, co można pokazać w następujący sposób;

Foton ewazyjny generowany w domenie kwantowej spełnia następujące równanie Kleina-Focka-Gordona, podane przez

$$\left[-\frac{1}{c^2}\frac{\partial^2}{\partial t^2}+\nabla^2-\frac{m_0^2c^2}{\hbar^2}\right]\varphi(x,t)=0 \quad , \qquad (6 \quad .1)$$

gdzie c jest prędkość światła, m_0 jest bezwzględną wartością właściwej masy opadającego fotonu i $\hbar$ jest stałą Plancka podzieloną przez 2π.

Równanie to daje rozwiązanie dla fotonu podróżującego w trybie evanescent jako

$$\varphi(x,t)=A_0\exp\left[-\frac{Et+px}{\hbar}\right] \quad , \qquad (6 \quad .2)$$

która odpowiada cząstce elementarnej o wyimaginowanej masie im_* poruszającej się z prędkością nadświetlną zadowalającą

$$E^2=p^2c^2-m_0^2c^4 \quad , \qquad (6 \qquad .3)$$

gdzie E jest energia cząsteczki nadświetlnej i p jest jej pędem nadawanym odpowiednio. Widać więc, że fotony tunelujące poruszające się w trybie evanescentrycznym mogą poruszać się z prędkością nadświetlną.

Dlatego wydaje się wysoce prawdopodobne, że to nie mikroskopijny kwantowy mechaniczny układ elektronów, ale makroskopijny kwantowy uporządkowany dynamiczny układ ulotnych fotonów w mózgu, który odgrywa zasadniczą rolę w urzeczywistnianiu biologicznego porządku dalekiego zasięgu w układach żywych.

Ziolkowshi zaznaczył w swoim artykule, że propagacja impulsu nadświetlnego, która umożliwia następczą wymianę nadświetlną bez naruszenia przyczynowości, jest możliwa w metamateriale elektromagnetycznym [7].

Jeżeli wewnętrzne medium cylindra mikrotuby posiada właściwości metamateriału o ujemnym współczynniku załamania światła, to tunelujące fotony są rzeczywiście wzmacniane i rozmnażają się bez strat wewnątrz neuronów. Nie są one ograniczone swoją długością fali, a fotony podczerwone mogą być wykorzystywane do manipulowania qubitami w mózgu.

Laszlo zwrócił uwagę na zagadkę w swojej książce [8], że żywy organizm jest niezwykle spójny z otaczającym go światem, dynamicznie, niemal natychmiast skorelowany ze wszystkimi innymi częściami.

Zostało to zademonstrowane;

- Umysł jednej osoby wydaje się być zdolny do działania na mózg i ciało drugiej.
- Współcześni ludzie wykazują zdolność do spontanicznego przekazywania wrażeń i obrazów, zwłaszcza gdy są emocjonalnie blisko siebie.

Jest to niemożliwe, jeśli ludzki mózg funkcjonuje podobnie jak konwencjonalne cyfrowe systemy komputerowe wykorzystujące procesory krzemowe. Poziom koherencji wykazywany przez organizm sugeruje, że odbywa się w nich przetwarzanie kwantowe. Żywy organizm, jak się wydaje, jest pod pewnym względem makroskopowym systemem kwantowym.

6.2 Możliwość zbudowania interfejsu mózg-komputer za pomocą pola tachionowego

Jeśli ludzki mózg funkcjonuje przy użyciu nadświetlnej cząstki zwanej tachionem, to zagadka, że żywy organizm jest niezwykle spójny z otaczającym go światem, może zostać wyjaśniona.

Rozważmy równanie Kleina-Focka-Gordona dla pola skalarnego o wyimaginowanej masie podanej przez $m = im_0$

$$\left(\frac{\partial^2}{\partial t^2} - \nabla^2 - m^2\right)\phi = 0 \quad , \qquad (6.4)$$

gdzie $m = m_0 c / \hbar$.

Z którego możemy uzyskać elementarne rozwiązanie pokazane przez

$$\phi_k(x) = \frac{1}{(2\pi)^{3/2}} \exp[i(\mathbf{k} \cdot \mathbf{x} - \omega t)] \equiv \frac{1}{(2\pi)^{3/2}} \exp(ikx), \qquad (6 \quad .5)$$

gdzie $\omega = \sqrt{k^2 - m_0^2}$.

Widać więc, że tachiony nie mogą być zlokalizowane w przestrzeni z superpozycji rozwiązań podanych przez Feinberga, pokazanych jako [9]

$$\varphi(x) = \int \phi_k(x) f(k) d^3k \neq \delta^3(x), \qquad (6 \quad .6)$$

$f(k)$ gdzie jest funkcją podparcia ograniczonego, ϕ_k jest zestawem elementarnych rozwiązań równania Kleina-Focka-Gordona o wyimaginowanej masie i $\delta(x)$ jest funkcją delty Diraca. Tak więc taka kwantowa superpozycja nie może zniknąć poza sferą o skończonym promieniu, ale ma skończony ogon, który ma się zmniejszać z arbitralną siłą x dla dużych wartości, wybierając funkcję masy, $f(k)$ aby mieć zero odpowiedniej kolejności przy $|k| = m_0$. Jeśli mózg jest kwantowy system komputerowy wykorzystujący nadświetlne fotony, mózgi mogą być zaplątane ze sobą poprzez pole tachionowe tworzone z próżni kwantowej wokół nich, zgodnie z właściwością nie-lokalności, do wywierania wpływu poza zasięgiem biologicznego mózgu.

Według Zurka, matryca gęstości cząstki w reprezentacji pozycyjnej ewoluuje za pomocą równania głównego przedstawionego jako [10]

$$\dot{\rho} = -\frac{i}{\hbar}[H, \rho] - \gamma(x - x')\left(\frac{\partial}{\partial x} - \frac{\partial}{\partial x'}\right)\rho - \frac{2m\gamma k_B T}{\hbar^2}(x - x')^2 \rho, \qquad (6.7)$$

gdzie H jest Hamiltonian cząstek, γ jest współczynnik relaksacji, k_B jest stałą Boltzmanna, i T jest temperaturą pola.

Zurek wykazał, że pozadrogowe szczyty matrycy gęstości, $\rho(x, x') = \varphi(x)\varphi^*(x')$ rozpadają się z szybkością

$$\frac{d}{dt}(\rho^{\pm}) \approx 2\gamma m k_B T / \hbar^2 (\Delta x)^2 \rho^{\pm} = \rho^{+} / \tau_D \ . \qquad (6.8)$$

Z którego spójność kwantowa zniknie w skali czasowej pokazanej przez

$$\tau_D \cong \tau_R \left(\frac{\hbar}{\Delta x \sqrt{2 m k_B T}} \right)^2 \ . \qquad (6.9)$$

Czas dekoherencji dla tego kwantowego obliczenia wykorzystującego cząstki nadluminescencyjne, autor pokazał w swojej pracy z formułą [11];

$$\tau'_D / \tau_D \approx [\beta(\beta - 1)]^2 \ , \qquad (6.10)$$

gdzie τ'_D jest czas dekoherencji cząsteczki nadluminalnej.

W poniższym wzorze β jest stosunek prędkości cząstki nadświetlnej do prędkości światła

$$\beta \approx 1 + \frac{c}{2\omega d} + \sqrt{\frac{c}{\omega d} + \frac{c^2}{4\omega^2 d^2}} \ , \qquad (6.11)$$

gdzie ω d jest częstotliwość kątowa cząsteczki i wielkość bariery tunelowej. Kiedy przypuszczamy, że pole tachionowe może być generowane w mikrotubie w ludzkim mózgu o częstotliwości widma podczerwonego, którego długość fali jest podana przez $\lambda = 100\mu m$, mamy $\tau'_D / \tau_D = 1.3 \times 10^{12}$

w przypadku, gdy pozwolimy $d = 15nm$, co jest tym samym porządkiem, co przestrzeń zewnątrzkomórkowa między komórkami mózgu.

Tak więc czas dekoherencji dla mózgu pola tachionowego, który wpływa na falową funkcję elektronów w procesorze PC, jest podawany przez

$$\tau'_D \approx \tau_R \left(\frac{\hbar}{\Delta x} \sqrt{2 m k_B T} \right)^2 [\beta(\beta - 1)]^2 \approx 2 \times 10^{-4} \tau_R \ (\text{sec}) \ , \qquad (6.12)$$

kiedy ustawimy $m = 9.11 \times 10^{-31} Kg$, i $T = 300°K$ $\Delta x = 10cm$.

Gdyby czas relaksacji był rzędu czasu makroskopowego satysfakcjonującego $\tau_R >> 1$ s, koherencja kwantowa zostałaby zniszczona w $\tau'_D >> 2 \times 10^{-4}$ s, co mogłoby wystarczyć do oddziaływania na funkcje falowe elektronów w procesorze krzemowym. W półprzewodniku masa elektronów może być zastąpiona masą efektywną podaną przez $m_* = 0.258m_0$, czas dekoherencji może być odłożony około 4 razy dłużej niż swobodny przypadek elektronów zgodnie z par. 6.12 i jest mocno wspierane, że ludzka świadomość może wpływać na stany kwantowe cząstek elementarnych poprzez pole tachionowe generowane wewnątrz mózgu. Dr Seto i jego współpracownicy w Szkole Medycznej Uniwersytetu Showa w Japonii przeprowadzili w 1995 roku eksperyment mający na celu sprawdzenie możliwości wpływu ludzkiej świadomości na kwantowy proces losowy w przejściu elektronowym. Na podstawie analizy statystycznej czterech tysięcy impulsów zaobserwowali wyraźne przesunięcie od średniej wartości bardziej niż odchylenie standardowe, gdy ludzka świadomość interweniowała na proces losowy w pobliżu eksperymentalnego urządzenia [12].

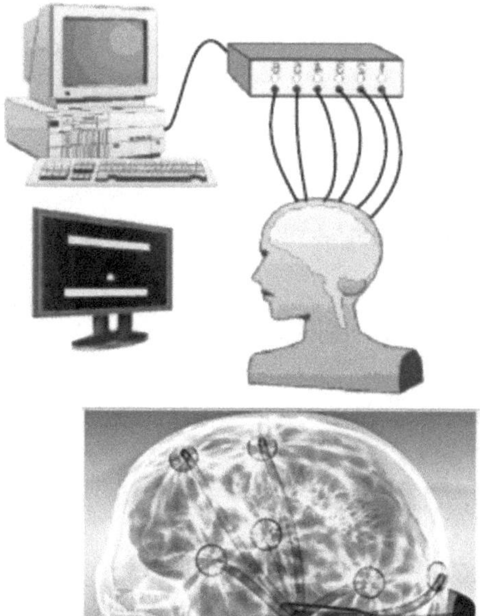

Rys.3 Konwencjonalny system monitoringu fal mózgowych (EKG lub system monitoringu fal mózgowych EEG; z http://www.emotiv.com/).

Na podstawie tych eksperymentalnych wyników musimy wziąć pod uwagę, że ludzka świadomość może wpływać na stany kwantowe elektronów przewidywane przez model mózgu oparty na cząstkach nadluminescencyjnych.

Taka superpozycja nie może zniknąć poza sferą skończonego promienia, ale raczej wpływa poza granicami systemu biologicznego. Jeśli mózg jest kwantowym systemem komputerowym funkcjonującym w procesie wykorzystującym nadświetlne fotony, wiele mózgów może być zaplątanych ze sobą poprzez pole tachionowe tworzone z otaczającej je próżni kwantowej, zgodnie z tą właściwością nielokalności.

Uważa się więc, że nadświetlne fotony w mózgu medytują te dalekosiężne korelacje fizyczne tak, że spójny obszar wewnątrz mózgu zachowywałby się jak nierozerwalna całość, a ludzki mózg mógłby funkcjonować jako makroskopowy kwantowy układ dynamiczny (sieć tachionowa), który może osiągnąć znacznie większą wydajność w porównaniu z komputerowym układem wykorzystującym elektrony, jak pokazano na rysunku 3.

Jak pokazano na rys. 4, kwantowa superpozycja dwóch fal, oraz φ_I φ_R

może być podany przez

$$|\varphi'\rangle = c_1|\varphi_I\rangle + c_2|\varphi_R\rangle \, , \qquad (6 \qquad .13)$$

gdzie φ_I jest pole fal kwantowych tachionów i φ_R jest to pole fal kwantowych elektronów w procesorze.

Z czego wartość oczekiwana obserwowanego A staje się

$$\langle\varphi'|\hat{A}|\varphi'\rangle = |c_1|^2\langle\varphi_I|\hat{A}|\varphi_I\rangle + |c_2|^2\langle\varphi_R|\hat{A}|\varphi_R\rangle$$

$$+ \left(c_1^* c_2\langle\varphi_I|\hat{A}|\varphi_R\rangle + c_2^* c_1\langle\varphi_R|\hat{A}|\varphi_I\rangle\right) \, , \qquad (6 \qquad .14)$$

gdzie $\hat{A}$ jest operator pustelniczy obserwowanego A.

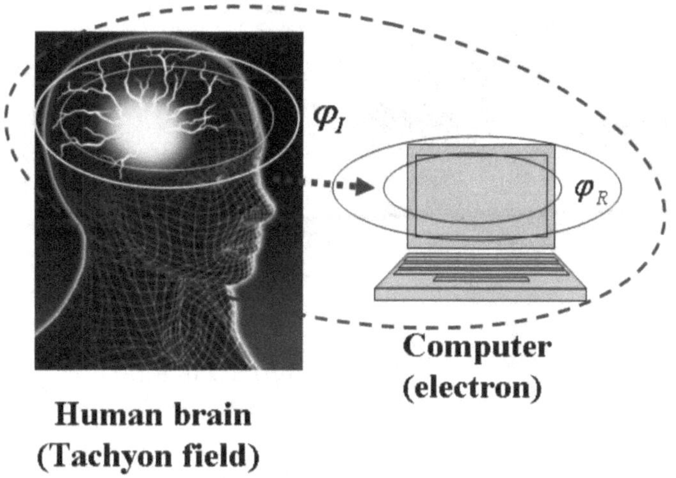

Rys.4 Pole tachionowe w mózgu, które wpływa na falowe funkcje elektronów w systemie komputerowym.

W par. 6.14 trzeci termin pokazuje interferencję dwóch fal kwantowych, co oznacza, że pole tachionowe wytwarzane wewnątrz mózgu może wpływać na ruch elektronów w procesorze komputera.

Dlatego też powinniśmy poważnie zastanowić się, w jaki sposób wyniki te otwierają drzwi do możliwości stworzenia interfejsu mózg-komputer do obsługi komputerów do poruszania ramionami robotów, wykorzystując jedynie ludzkie myśli.

Możliwość tej koncepcji pojawiła się jako technologia interfejsu mózg-komputer w filmie z 1982 roku z Clintem Eastwoodem w roli głównej, nazwanym "Firefox", pokazanym na Rys.5, w którym radziecki samolot myśliwski był kontrolowany przez myśli pilota.

Sugerowano, że istnieje możliwość stworzenia kwantowego systemu komputerowego wykorzystującego spin elektronu do utworzenia bitu kwantowego [13]. Jeśli ludzka myśl ma możliwość kontrolowania tego spinu cząstek elementarnych, to możemy stworzyć myślowe hełmy, które doprowadzą do bezpośredniego, umysłowego sterowania systemami medycznymi lub systemami walki wyłącznie za pomocą myśli.

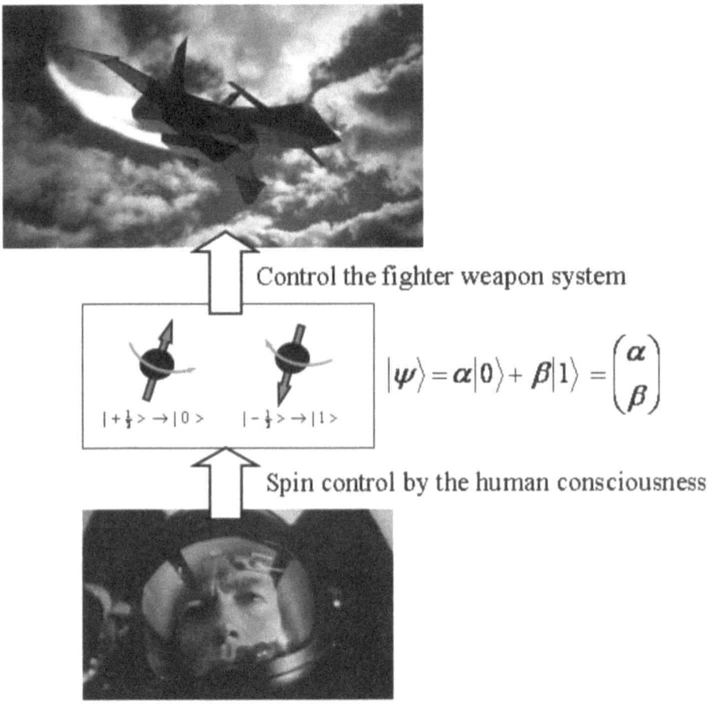

Rysunek.5 System sterowania mózgiem pojawił się w filmie "Ognisty lis".

Zgodnie z nielokalną właściwością tachionów uważa się, że pole tachionowe wytworzone wewnątrz mózgu ma zdolność do wywierania wpływu w przestrzeni na zewnątrz mózgu i mózg musi funkcjonować jako makroskopowy kwantowy układ dynamiczny, aby pośredniczyć w wykazanych długookresowych fizycznych korelacjach z otaczającym go światem.

Z punktu widzenia modelu mózgu opartego na superluminalnym tunelującym fotonie Musha i Sugiyama poszukiwali możliwości realizacji interfejsu mózg-komputer, który pozwoliłby sparaliżowanemu pacjentowi obsługiwać komputery wyłącznie za pomocą myśli, a poprzez eksperymenty przeprowadzone przy użyciu prototypu systemu interfejsu mózg-komputer, uzyskali pozytywny wynik na realizację takiego systemu [14].

Rozdział.7

Hipoteza Wszechświata Superluminalnego autorstwa Prof. Dutheila

Zgodnie z elektrodynamiką stochastyczną, można pokazać, że pole tachionowe może być tworzone z morza wszechobecnego zeropunktowego pola energii we Wszechświecie (patrz Załącznik.A). Jeśli mózg ma możliwość korelacji z zewnętrznym polem tachionowym tworzonym przez inne organizmy żywe i kosmicznego pola zero-punktowego, całość z nich możemy nazwać uniwersalnym mózgiem lub kosmiczną świadomością, to ta kosmiczna świadomość może mieć wpływ na indywidualny umysł i w ten sposób wyjaśnić niezwykłe zdolności ludzkiego umysłu.

Teoria ta jest zbieżna z hipotezą przedstawioną przez profesora Dutheila opartą na świadomości nadluminalnej [1].

Rys.1 Książka Profesora Dutheila o Superluminal Univese.

Dalej rozwijał teorię względności w regionie kosmicznym, wykorzystując tensoryczny formalizm ogólnej teorii względności. Zdefiniował on tachionowe ramy odniesienia (TRF) z innym tensorem metrycznym i pokazał, że prowadzi to do innej grupy transformacji Lorenza - nadluminalnej grupy Lorenza.

Z czego, jak twierdził;

Mózg · The to nic innego jak zwykły komputer, który przekazuje informacje.

· Consciousness, czyli umysł, składa się z pola tachionów lub materii nadświetlnej, znajdującego się po drugiej stronie bariery świetlnej w nadświetlnej czasoprzestrzeni.

Swoją hipotezę przedstawił w książce "L'homme Superlumineux" [1], w której stwierdził, że świadomość jest polem materii nadluminalnej, należącej do prawdziwego fundamentalnego wszechświata, a nasz świat jest jedynie podluminalną holograficzną projekcją tego świata.

Oznacza to, że jego hipoteza opiera się na modelu, w którym świadomość jest polem dla tachionowej materii należącej do prawdziwego fundamentalnego wszechświata, jak pokazano na Rys.2.

Australijski neurofizjolog Sir John Eccles wysunął myśl, że mózg to nic innego jak zwykły komputer, który przekazuje informacje, a oprogramowanie, lub programowanie, można znaleźć gdzie indziej [2].

Eccles wysunął hipotezę, że istnieje pole cząstek niewykrytych jeszcze przez instrumenty fizyki, które odpowiadałoby właśnie temu programowaniu lub oprogramowaniu komputera-mózgu. Kora mózgowa przekazuje i koordynuje informacje pochodzące z pola materii umysłu. Filtruje ona te informacje dla mózgu, który faktycznie odbiera tylko niewielką część. Jest to w rzeczywistości pierwszy model świadomości materialnej.

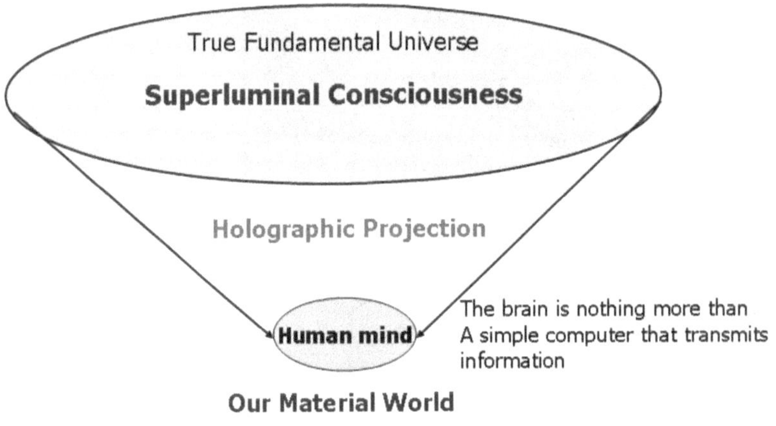

Rys.2 Struktura Wszechświata zaproponowana przez Prof. Dutheila.

Rupert Sheldrake rozwinął ideę, że każdy rodzaj komórki, tkanki i organizmu ma swoje własne pole działania [3]. Pola te kształtują i organizują rozwijające się mikroorganizmy roślinne i zwierzęce, a także stabilizują formę dorosłych organizmów. Zaproponował on, aby nazwać je "polami morficznymi", preferując termin morficzny nad morfogenetycznym, ponieważ jego definicja jest bardziej ogólna i obejmuje inne rodzaje pól organizujących. Według Sheldrake'a, pole organizatora zachowań zwierząt i ludzi, systemów społecznych i kulturowych oraz aktywności umysłowej można uznać za pola morficzne z nieodłączną pamięcią. Jego zdaniem, te pola morficzne są w rzeczywistości polami informacji, ponieważ zawierają wrodzoną pamięć wspomaganą przez rezonans morficzny, który opiera się na podobieństwie. Pamięć ta jest kumulatywna. Im bardziej dany wzorzec aktywności jest powtarzany, tym bardziej ma on tendencję do stawania się nawykiem. To może być bardzo dobrze pochodzenie "programu genetycznego", który można znaleźć gdzie indziej - na poziomie świadomości nadluminalnej.

Zgodnie z hipotezą prof. Dutheila, świadomość nadświatowa znajduje się w tym, co nazywasz fundamentalnym wszechświatem.

Świadomość, czyli umysł, składa się z pola tachionów lub materii nadluminalnej, umieszczonej po drugiej stronie bariery świetlnej w nadluminalnej czasoprzestrzeni.

7.1 Hipoteza superluminalna zaproponowana przez Prof. Dutheila

Prof. Dutheil zaproponował swoją Hipotezę Superluminalną [4];

- Nasz subluminalny wszechświat jest jedynie holograficzną projekcją fundamentalnego wszechświata, w którym znajdują się informacje i znaczenia.

  Projekcja ta odbywa się za pośrednictwem kory mózgowej, która działa jak filtr wpuszczający nie więcej niż bardzo ograniczoną ilość informacji i znaczeń, która jest ułożona według sekwencji przyczynowych w czasie entroptycznym, liniowym.
- The granica pomiędzy dwoma wszechświatami jest obszarem wspólnym,

prawdopodobnie złożonym z fotonów. Oznaczałoby to, że istnieją dwa wszechświaty - subluminalny, z którym jesteśmy zaznajomieni, oraz superluminalny, w którym cząstki przemieszczają się szybciej niż prędkość światła. Opracowałem model, w którym zakłada się, że fotony składają się z jednego składnika subluminalnego i jednego nadluminalnego.

- At to zjednoczenie z podstawowym wszechświatem, czas już nie płynie, a przeszłość, teraźniejszość i przyszłość już nie istnieją. Byłoby to miejsce, gdzie świadomość jest absolutna i gdzie wszystkie wydarzenia istnieją jednocześnie.

- Consider świat podstawowy, źródło świadomości, być światem nadświetlnej.

Świadomość jest częściowo wcielona w ciała żyjące w świecie subluminalnym. W momencie śmierci świadomość po prostu wraca do swojego pierwotnego środowiska. Pojęcie to pokrywa się z platońską teorią, która głosi, że dusza jest uwięziona w ciele, a po śmierci zostaje uwolniona i powraca do swojego źródła, czyli miejsca narodzin.

- We wspomniał już Platon, który twierdził, że nasz wszechświat jest tylko iluzją, odbiciem czegoś, co znajduje się po drugiej stronie.

Kontynuując to rozumowanie, jeśli założymy, że świadomość jest polem materii tachionowej, wówczas tachiony mogą być również uważane za fale.

- The superluminalny wszechświat jest stroną bezwzględnej informacji w jej czystym stanie. Entropia (zaburzenie) stale maleje, a negentropia (informacja) stale wzrasta.

Entropia wzrasta stale w systemie zamkniętym. Ostatecznie możemy powiedzieć, że wszechświat jest systemem zamkniętym. Zasada zwiększania entropii dotyczy całego wszechświata. W subluminalnym wszechświecie, czas wykładziny odpowiada stałemu wzrostowi entropii.

W zamkniętym układzie materii tachionowej entropia ulega ciągłemu zmniejszeniu, co oznacza, że informacje i znaczenie stale rosną.

- We może myśleć o ludziach jak o negentropijnych pompach: Wchłaniają one negentropię, aby walczyć z entropią, ale w pewnym momencie pompa przestaje działać i entropia zyskuje przewagę. W nadluminalnym wszechświecie entropia stale się zmniejsza. Oznacza to, że negentropia, czyli informacja, stale wzrasta.

- Consequently, osoby żyjące na poziomie ponadluminalnym otrzymują szereg możliwości na przyszłość, które pozwalają im na zmianę swojego przeznaczenia, lub linii świata, tymczasowo i na poziomie ponadluminalnym, na poziomie hologramu.

- There to natychmiastowość wszystkich zdarzeń w wymiarze tachionowym. Przyczynowość już nie istnieje, ponieważ zdarzenie może wystąpić przed jego przyczyną.

Główną cechą superluminalnego wszechświata jest całkowita natychmiastowość zdarzeń, biorąc pod uwagę, że czas już nie płynie.

- Ciało tachionowe będzie świecić; będzie stale emitować światło w wyniku efektu Cherenkova (patrz rys. 3 i Załącznik A). Wszystkie ciała tachionowe są więc świecące podobnie jak sam Wszechświat.

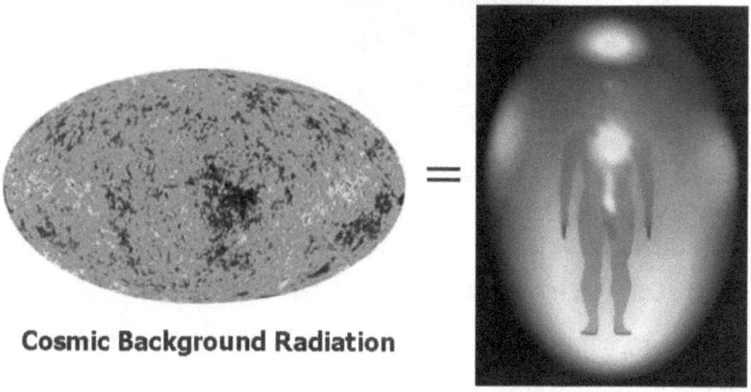

Cosmic Background Radiation

Human electromagnetic field

Rysunek. 3 Cherenkov Promieniowanie z pola tachionowego ludzkiego ciała.

- The wewnątrz elektronu jest uważany za superluminalną, mikro czarną dziurę. Nadświetlny wszechświat informacji nie jest abstrakcją, ale raczej innym poziomem rzeczywistości, na którym czas i przestrzeń nie mają tego samego znaczenia. Zaczynając od poziomu "nadluminalnej świadomości", możemy tworzyć inne poziomy rzeczywistości, które są tak samo realne jak refleksja, której istnienia nikt by nie zaprzeczył.

- The zbiorowa nieświadomość może być przejawem świata nadświetlnego, całej nadświetlnej świadomości, które są jednocześnie unikalne i wielokrotne, jednocześnie unikalne podmioty, a jednak częścią większej całości, nadświetlnej świadomości.

W końcu doszedł do wniosku, że ta nadluminalna świadomość ma całkowitą wiedzę i całkowitą informację.

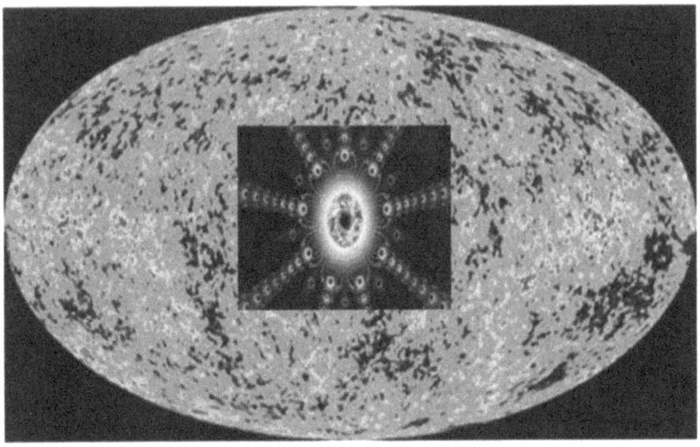

Outer Tachyon Field of the Universe

Rysunek. 4 Hiperkomputacja przeprowadzona w polu tachionowym Wszechświata.

7.2 Pole informacyjne Wszechświata Tachyonów

Teoria tachionu Dutheila jest holistyczna, ponieważ przyjmuje pojęcie dwóch współzależnych wszechświatów, które w rzeczywistości są niepodzielne, widzialnego, subluminalnego wszechświata prędkości i niewidzialnego, superluminalnego. Uzasadnia ona również wszechobecność, pojęcie czysto metafizyczne.

Świadomość kosmiczna jest wszechobecna, która istnieje jednocześnie wszędzie i takie wszechobecne istnienie może wystąpić tylko z nadświetlną prędkością, ponieważ podświetlne wydarzenia wymagają czasu. Dlatego wszechobecność może być tylko atrybutem Wszechświata Tachyonów, gdzie czas i przestrzeń się załamują i już nie istnieją.

Pribram uważa, że to, co nazywamy rzeczywistością, to nic innego jak holograficzna projekcja bardziej fundamentalnego wszechświata, dziedziny częstotliwości, gdzie czas i przestrzeń są załamane i gdzie istnieją tylko fale, które umieszcza w innym wymiarze. W tej dziedzinie częstotliwości wszystkie elementy istnieją bez konotacji czasowej i przestrzennej. Interfejs pomiędzy świadomością a korą mózgową jest zdolny do przeprowadzenia analizy Fouriera i projekcji, w układzie dowolnych współrzędnych, które nazywamy czasem i przestrzenią, wszystkich wzorów interferencji domeny częstotliwości w postaci hologramów. Zgodnie z teorią Pribrama, kora mózgowa odgrywa rolę podobną do tej, jaką w holografii odgrywa wiązka laserowa, czyli światło koherentne; możemy powiedzieć, że to właśnie interferencja pomiędzy korą mózgową a świadomością odgrywa tę rolę.

Kora mózgowa, podobnie jak wiązka laserowa, wykorzysta transformację Fouriera do projekcji
a te częstotliwości będą tworzyć hologramy.

Jest całkiem możliwe, że informacja całej genetyki istnieje już we wszechświecie w superluminalnym polu informacji, która może lub nie powstała w rzeczywistości w formie fizycznej [5]. To jest ewolucja odgrywa rolę w genetyce, ale nie jest to podstawowy proces w pracy. Życie ewoluuje, ale tylko w formy, które zostały już uznane za wykonalne lub są "konstruktywnie harmonijne" zgodnie z nadluminalnym polem informacji.

Nie widzimy więc wielu "brakujących ogniw" ani mieszanych, nienormalnych form, które po prostu nie działają. Złożone formy życia, są formowane wokół udanego i spójnego nadświetlnego wzoru informacyjnego, który wcześniej istniał w formie fizycznej.

Wniosek

W tej książce wykazano, że mózg biologiczny ma możliwość osiągnięcia dużych obliczeń bitów kwantowych w temperaturze pokojowej, których nie można porównać z konwencjonalnymi procesorami. Ze względu na nielokalność charakterystyczną dla nadświetlnych fotonów uważa się, że koherencja organizmu wykracza poza koherencję fizycznego systemu biologicznego, który daje ludzkiemu mózgowi tak wysoką wydajność w porównaniu z krzemowymi procesorami cyfrowymi.

Bardzo wcześnie A. Einstein wykazał, że cząstki o prędkościach większych niż prędkość światła w próżni mogą powodować anomalie przyczynowe. Później, w mechanice kwantowej przekształcenia CPT pozwoliły na powstawanie pętli przyczynowych w skali mikroskopowej. Tak więc możliwość szybszych od światła cząstek została ponownie przeanalizowana. Meta-Relatywność rozszerzyła specjalną teorię względności na cząstki poza barierą światła (tachiony), poprzez zastosowanie formuły relatywistycznej o złożonych wartościach. Przypisała ona każdemu tachionowi wyimaginowaną właściwą masę, która nie oferuje łatwej fizycznej interpretacji. W ramach tej teorii może się wydawać, że tachiony podróżują do tyłu w czasie i mają energie ujemne, ale muszą być one interpretowane jako podróżujące do przodu w czasie z energiami dodatnimi (zasada reinterpretacji). Meta-Relatywność pozwala, aby odbicie lub reemisja tachionów wytworzyła pętlę przyczynową, ale niektórzy autorzy odrzucają ten sprzeciw, postulując emisję tachionów nie może być systematycznie powtarzana. Tak więc pętle przyczynowe mogą występować tylko w skali mikroskopowej. Teoria względności w regionie podobnym do kosmicznego została opracowana przez R. Dutheila z wykorzystaniem tensorycznego formalizmu ogólnej teorii względności. Zdefiniował on tachionowe ramki referencyjne (TRF) z innym tensorem metrycznym i wykazał, że prowadzi to do innej grupy transformacji Lorentza - nadluminalnej grupy Lorentza. W tej teorii tachiony zawsze mają dodatnią energię i rzeczywistą właściwą masę, ale ich zachowanie musi być opisane za pomocą tachionowych ramek referencyjnych.

R. Dutheil argumentował na podstawie izomorfizmu obu grup Lorentza, że twierdzenie Zeemana można udowodnić, że jest ono respektowane przez tachiony; tak więc porządek sekwencji jest zawsze zachowany przez każdą nadluminalną transformację. W swojej obecnej komunikacji pokazał on, że współrzędne czasowe tachionowych ram odniesienia nie zachowują porządku przyczynowego i nie mają sensu dla naturalnych obserwatorów. Pokazał jednak, że porządek przyczynowy jest zachowany w nadluminalnym czasie właściwym tachionów, co ma być związane z czasem właściwym każdego obserwatora naturalnego.

Rysunek.1 Ramanujan: Człowiek, który potrafi komunikować się z Uniwersalnym umysłem.

Jeśli chodzi o Ramanujana (patrz rys.1), który był indyjskim geniuszem matematycznym, znalazł on wiele tajemniczych wzorów matematycznych związanych z Teorią Liczb przedstawioną w prawej części rys.1.

Często mówił, że "równanie dla mnie nie ma żadnego znaczenia, chyba że przedstawia ono myśl o Bogu", to jest umysł uniwersalny [1].

Zgodnie z elektrodynamiką stochastyczną, jak pokazano w Załączniku.A, można pokazać, że pole tachionowe może być tworzone z morza wszechobecnego zeropunktowego pola energii we Wszechświecie. Jeśli mózg ma możliwość korelacji z uniwersalnym polem tachionowym tworzonym przez wszystkie inne organizmy żywe i kosmicznego pola zero-punktowego, którego całość możemy nazwać uniwersalnym mózgiem lub kosmiczną świadomością, to ta kosmiczna świadomość może mieć wpływ na indywidualny umysł. To może być wyjaśnienie dla niezwykłych zdolności ludzkiego umysłu, takich jak enigma Ramanujan.

Uważa się więc, że prawdziwy mechanizm działania ludzkiego pola elektromagnetycznego może być podobny do mechanizmu działania wszechświata jako całości, zgodnie ze stwierdzeniem "jak wyżej, tak poniżej".

Zakładając, że takie urządzenie obliczeniowe, które wykorzystuje cząstki nadświetlne, może być zbudowane, jak pokazano w rozdziale.3, co można zrobić z tym nadświetlną komputerem? Takie urządzenie zaliczałoby się do klasy maszyn obliczeniowych znanych jako hiperkomputery. Są to hipotetyczne urządzenia o większej mocy niż maszyny Turinga, które pozwalają na nietrwałe obliczenia. Po raz pierwszy omówił je Alan Turing w latach 30-tych.

Teoretycznie, hiperkomputery mogą obliczać pewne rodzaje funkcji, które w innym przypadku nie byłyby obliczalne. Brzmi to poręcznie, ale nawet jeśli istnieją niezliczone, niekomputowalne funkcje, to w rzeczywistości trudno jest wymyślić przykład takiej, która może wydawać się użyteczna.

O. Finkel udowodnił, że niektóre podstawowe pytania dotyczące odczytu nieskończonej ilości słów w automacie zależą od modelu układu aksjomatycznego ZFC [2].

Jedną z możliwości jest;

"Istnieje model ZFC, w którym uzupełnienie $L(A)$ ma kardynała z $\aleph_1$ $\aleph_0 < \aleph_1 < 2^{\aleph_0}$ ", co oznacza, że istnieje możliwość obliczeń z wyższą hierarchią niż zwykłe maszyny Turinga.

$$\aleph_0 < \aleph_1 < 2^{\aleph_0}$$

Rysunek. 2 Kontinuum czasoprzestrzenne może zawierać pośrednią kardynalność

większa od naturalnych liczb.

Jak pokazano w Aneksie B, mechanika kwantowa pozwala na istnienie satysfakcjonującej kardynalności ($\aleph_0 < \aleph_1 < 2^{\aleph_0}$ patrz też Rys.2) i można przypuszczać, że istnieje możliwość przeprowadzenia obliczeń wyższego rzędu w świecie nadświetlnego Wszechświata.

Rysunek.3 jest propozycją wyjaśnienia modelu świadomości.

Starożytne indyjskie teksty Wedy dały porównywalne spojrzenie na zunifikowaną świadomość, z kluczową różnicą polegającą na procesie ludzkiego wchodzenia z etapu na etap. Zamiast jedności z wszechświatem, Wedyjskie wizje świadomości podkreślają znaczenie osiągania wiedzy i czystej inteligencji. Jest to podobne do wedyjskiej koncepcji, że całość naszej świadomości składa się z trzech poziomów: podświadomości, świadomości i nadświadomości.

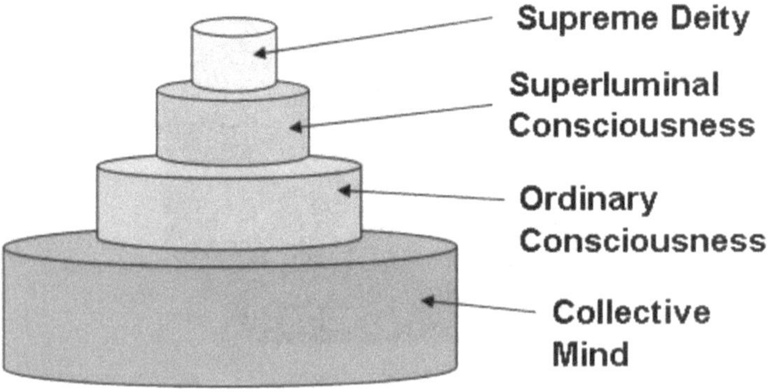

Rysunek. 3 Model świadomości podobny do hinduskiej kosmologii.

Te poziomy świadomości reprezentują różne stopnie intensywności świadomości. Intuicja i zwiększona jasność umysłu płyną z nadświadomej świadomości. Świadomy umysł jest ograniczony przez swoją analityczną naturę i dlatego widzi wszystkie rzeczy jako odrębne i odrębne.

Możemy być zdziwieni pewną sytuacją, ponieważ wydaje się ona niezwiązana z innymi wydarzeniami, trudno jest nakreślić jasny kierunek działania. Z drugiej strony, ponieważ nadświadomy umysł jest intuicyjny i widzi wszystko jako część całości, może łatwo rysować rozwiązania.

Jak wynika z hipotezy prof. Dutheila, ludzka świadomość jest składające się z pola tachionów lub materii nadświetlnej umieszczonej na druga strona bariery świetlnej w nadświetlnej czasoprzestrzeni, która posiada zdolność do wykonywania nieskończonych kroków obliczeniowych w skończonym czasie.

Stosując mechanikę kwantową, autor pokazał możliwość realizując system hiperkomputerowy zdolny do funkcjonowania poza zwykła maszyna Turbinująca, przez przetwarzanie informacji prowadzone w e w n ą t r z struktury mikrotubulowe neuronów wykorzystujące koncepcje superluminalu cząsteczki [3].

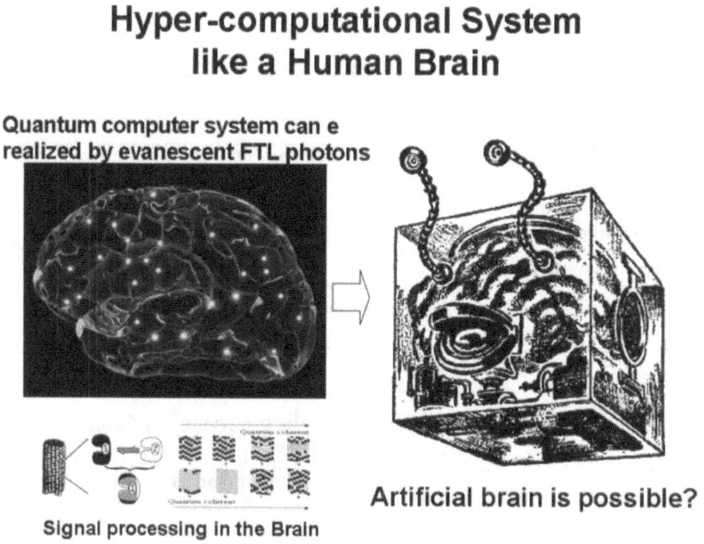

Rysunek. 4 Czy istnieje możliwość realizacji hiperkomputera jak ludzkiego mózgu?

Jeśli uda się zrealizować taki hiperkomputer, jak pokazano na rys. 4, zmieni się on
świata nauki całkowicie.

Dodatek A

Tło kosmiczne Promieniowanie tła kosmicznego z pola tachionowego

Bardzo niska energia bardzo jednolite promieniowanie wypełniające wszechświat jest odbierane ze wszystkich kierunków nieba. Znane jako kosmiczne mikrofalowe promieniowanie tła (CMB), osiąga ono szczyt w mikrofalowej części widma.

W przypadku próby dopasowania krzywej promieniowania ciała czarnego do tego promieniowania tła sugeruje się temperaturę około 3 stopni Kelvina. Dlatego też powszechnie uważa się, że promieniowanie CMB jest najsilniejszym dowodem na słuszność modelu gorącego wielkiego wybuchu. Na rysunku 1(a) pokazano zdjęcie temperatury promieniowania tła kosmicznego wykonane przez satelitę COBE [1], które zawiera anizotropię dipolową z powodu efektu Dopplera.

(a)

(b)

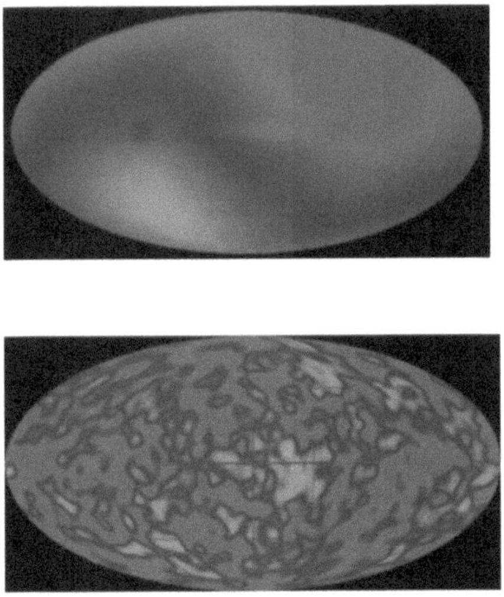

Rys.1 Promieniowanie tła kosmicznego przez satelitę COBE.

Odejmując przesunięcie dopplerowskie spowodowane ruchem Ziemi i uśredniając anizotropię dipolową widoczną na tym obrazie, pozostają prawdziwe zmiany temperatury promieniowania tła, które są bardzo zbliżone do jednorodnych, Amplituda tego efektu jest wyolbrzymiona przez współczynnik 100 000, gdy jest pokazana na Rys.1(b).

Wahania resztkowe są zatem niezwykle małe, stanowiąc odchylenie od średniej wynoszącej tylko około 1/100 000 średniej temperatury obserwowanego promieniowania tła.

Uważa się, że kosmiczne promieniowanie tła jest śladem Wielkiego Wybuchu, który został schłodzony do słabego szeptu w spektrum mikrofalowym przez ekspansję wszechświata w ciągu ostatnich 15 miliardów lat. Ale to podejście nie wyjaśnia zdumiewającej jednorodności promieniowania CMB obserwowanego z satelity COBE. Zaobserwowane nieprawidłowości we wszechświecie, takie jak pustki i "ściany", odkryte przez Margaret Geller i Johna Huchrę w 1989 roku [2], mają tendencję do zaprzeczania, że Wielki Wybuch jest źródłem promieniowania CMB, ponieważ uważa się je za odbicie początkowej chaotycznej niejednorodności we wczesnym wszechświecie, powstałej zaledwie 100 000 lat po początkowym Wielkim Wybuchu. Dlatego też autor został zmotywowany do poszukiwania innej możliwości wyjaśnienia zaobserwowanego bardzo jednolitego wzoru promieniowania mikrofalowego. Wynik ten został przepowiedziany przez istnienie szybszych od światła cząstek (FTL) tworzonych z tła ZPF poprzez kwantowy efekt tunelowania, jak to zostanie opisane w kolejnym załączniku.

A.1 Możliwość generowania wirtualnych tachionów w pustej przestrzeni

Z bosonicznego arkusza sznurka świat-działanie podane przez

$$S = \frac{1}{4\pi\alpha'}\int d^2\sigma\sqrt{-g}g^{ab}\partial_a X^\mu \partial_b X_\mu \quad , \qquad (A.1)$$

gdzie widmo łańcuchów bosonicznych zawierających tryb tachionowy dla łańcuchów otwartych pokazane od [3] jako

$$m^2 = -\frac{1}{\alpha'} \; , 0 \; , \frac{1}{\alpha'} \; , \frac{2}{\alpha'}, \ldots \quad , \qquad (A.2)$$

Pozwala to na istnienie negatywnej energii, która prowadzi do niestabilności próżni. Oznacza to, że tachiony są niestabilnymi cząstkami, które mogą pojawiać się tylko przez krótki okres czasu. Elektrodynamika kwantowa pokazuje, że pusta przestrzeń jest wypełniona fluktuacjami punktu zerowego (ZPF) pola energii elektromagnetycznej, które mają widmową gęstość energii podaną przez [4].

$$\rho(\omega)d\omega = \frac{\hbar\omega^3}{2\pi^2 c^3} d\omega \quad , \qquad (A.3)$$

gdzie jest gęstość energii ZPF i $\rho(\omega)$ ω jego częstotliwość kątowa. W pustej przestrzeni z tła ZPF powstają wirtualne cząstki elementarne, z których większość to fotony niskoenergetyczne.

Autor przedstawił w swoim artykule [5] pogląd, że prawdopodobieństwo przenikających przez barierę świetlną wysoko przyspieszonych cząstek można oszacować za pomocą

$$T = \left[\frac{\psi(v_*)}{\psi(v_0)}\right]^2 \approx \exp\left[\frac{m_* c^3}{\alpha\hbar}\log\left(\frac{v_* - c}{v_* + c}\right)\right] , \qquad (A.4)$$

gdzie ψ jest funkcją falową ruchomej cząstki, m_* jest bezwzględną wartością masy tachionu, α jest właściwym przyspieszeniem cząstki, v_* jest prędkością cząstki w stanie FTL i jest $\hbar$ stałą Plancka podzieloną przez 2π, i c jest prędkością światła.

Zgodnie z tą teorią, niektóre z wirtualnych cząstek utworzonych tymczasowo z pola ZPF są tachionami przez efekt tunelowania kwantowego.

A.2 Możliwość tworzenia wirtualnych cząstek tworzonych jako tachiony

Tachyon i para antyczepowa stworzona z pola ZPF spełniają wymagania prawa o oszczędzaniu energii w następujący sposób:

$$\frac{2m_* c^2}{\sqrt{v_*^2 / c^2 - 1}} = \hbar\omega \quad , \qquad (A.5)$$

gdzie $\hbar\omega$ jest energia wirtualnego fotonu wytworzona w polu ZPF.

Przesunięcie pędu cząstki poza prędkość światła przez kwantowy efekt tunelowania jest nadawane przez

$$\Delta p = \frac{2m_* v}{\sqrt{v_*^2 / c^2 - 1}} - \frac{\hbar\omega}{c} \quad , \qquad (A.6)$$

Poprzez wprowadzenie zasady przesunięcia pędu do zasady niepewności dla

Tachyon. Mamy, podane przez [6]

$$\Delta p \cdot \Delta t \approx \frac{h}{v_* - c} \quad , \qquad (A.7)$$

gdzie $\Delta p \, \Delta t$ jest niepewność momentu pędu i przedziału czasowego cząstki poruszającej się w stanie FTL, prędkość obrotową tachionu można z grubsza oszacować przez

$$v_* \approx 2c \, . \qquad (A.8)$$

Zastąpienie tego wyniku przez Eq. (A.6), masa tachionu może być podana przez [7].

$$m_* \approx \frac{\sqrt{3} h \omega}{2c^2} \quad . \qquad (A.9)$$

Z założenia, że wewnątrz obszaru tworzone są wirtualne fotony, których rozmiar jest prawie równy długości Plancka, l_p właściwe przyspieszenie jest szacowane w przybliżeniu o α $\alpha = \Delta p/(m\Delta t) \approx c^2/l_p$, wówczas prawdopodobieństwo utworzenia wirtualnego tachionu z pola ZPF staje się

$$T_*(\omega) \approx \exp\left(-\frac{\gamma \, l_p}{c} \omega \right) \quad , \qquad (A.10)$$

gdzie $\gamma = \frac{\sqrt{3} \log 3}{2}$.

A.3 Promieniowanie Cherenkova z Wirtualnych Tachionów

Jeśli para tachionów utworzona z tła ZPF ma ładunek elektryczny, to wypromieniowuje foton pod kątem θ_c [8];

$$\theta_c = \cos^{-1}\left(\frac{1}{\beta n} \right) \quad , \qquad (A.11)$$

jak pokazano na rysunku 2, gdzie θ_c jest półkątem ruchu z prędkością i $\beta = v_* / c$ n jest wskaźnikiem załamania światła, który jest równy jedności w próżni.

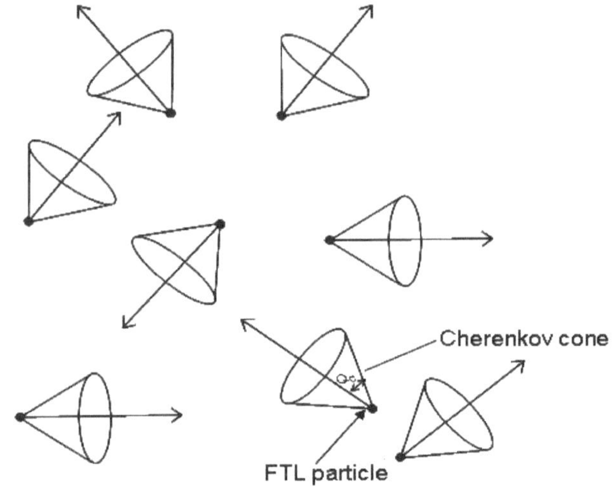

Rys.2 Stożek Cherenkova w próżni ZPF.

Liczbę fotonów o częstotliwości kątowej $\omega = 2\pi\nu$ wypromieniowanej przez efekt Cherenkova [9] można z grubsza oszacować za pomocą prędkości obrotowej tachionu podanej przez

$$\frac{dN}{dl} = 2\pi\alpha\left(1 - \frac{1}{\beta^2}\right)\cdot\int\frac{d\lambda}{\lambda^2} = \frac{3\pi\alpha}{2c}\Delta\nu \quad , \qquad (A.12)$$

gdzie α jest stała drobna struktura, λ jest długość fali i $\Delta\nu$ jest szerokością pasma promieniowania. Z niepewności co do energii i pędu, odległość podróży wirtualnej cząstki w stanie FTL daje wynik, a $l = c / \omega$ następnie liczba fotonów wypromieniowanych przez efekt Cherenkova staje się

$$N \approx \frac{1}{183}\frac{\Delta\nu}{\nu} \quad , \qquad (A.13)$$

który jest nieistotnie mały w porównaniu z jednością w przypadku, gdy satysfakcjonujący $\nu > \Delta\nu$.

Z powyższych argumentów wynika, że niewielki ułamek energii ZPF może być wypromieniowywany przez efekt Cherenkova, jak pokazano na rysunku 3, z pola ZPF; można to uznać za układ równowagi termicznej wypełniony niepromieniotwórczymi falami elektromagnetycznymi.

Tak więc promieniowanie ZPF pochodzące od Cherenkova można w przybliżeniu określić jako promieniowanie ciała doskonale czarnego, a prawdopodobieństwo, że kwant świetlny wypromieniowany przy liczbie fali stanie się $k\exp(-k\hbar\omega/k_B T)$ przez stochastyczną elektro-dynamikę (SED), gdzie jest T bezwzględna temperatura promieniowania i jest stałą k_B Boltzmana. Zgodnie z teorią SED, średnia gęstości energii fotonów wytworzonych z pola ZPF przy częstotliwości kątowej staje się ω

$$\langle\rho_E\rangle = \frac{\hbar\omega^3}{2\pi c^3} T_*(\omega) \frac{\sum_{k=0}^{\infty} n e^{-k\hbar\omega/k_B T}}{\sum_{k=0}^{\infty} e^{-k\hbar\omega/k_B T}} = \frac{\hbar\omega^3}{2\pi^2 c^3} \exp\left(-\frac{\gamma\, l_p}{c}\omega\right) \cdot \left[\exp\left(\frac{\hbar\omega}{k_B T}\right) - 1\right]^{-1}, \quad (A.14)$$

Wprowadzając $T = 2.73°$ K do tego równania, widmo $\langle\rho_E\rangle$ puszki należy obliczyć jak pokazano na rysunku 3, który dobrze pokrywa się z obserwowanym widmem promieniowania tła kosmicznego [10].

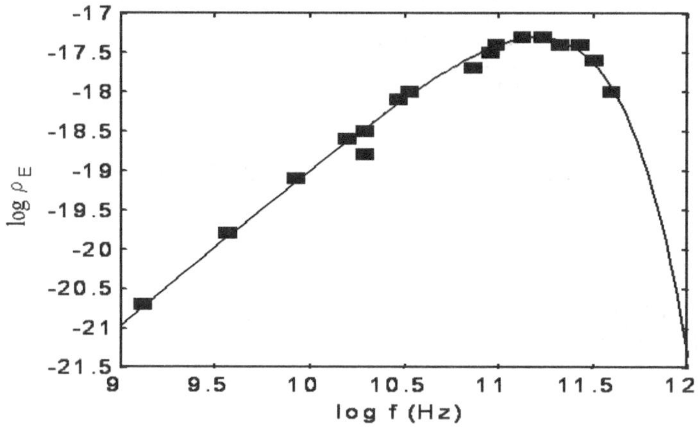

Rys.3 Widmo promieniowania CBR i krzywa uzyskana z równania (A14).

Przez całkowanie równania (A.14) nad częstotliwościami mikrofalowymi, od do $\omega_1 = 2\pi \times 10^8 (rad/s)$ $\omega_2 = 2\pi \times 10^{12} (rad/s)$, równoważna gęstość masowa promieniowania spowodowana efektem Cherenkova staje się

$$\rho_r = \frac{1}{c^2}\int_{\omega_1}^{\omega_2} \langle \rho_E \rangle \, d\omega \approx \frac{\hbar}{2\pi^2 c^5}\int_{\omega_1}^{\omega_2} \omega^3 \exp\left(-\frac{\gamma\, l_p}{c}\omega\right)\cdot\left[\exp\left(\frac{\hbar\omega}{k_B T}\right)-1\right]^{-1} d\omega$$

$$\approx 2.3\times 10^{-31}\,(kg/m^3)\ , \qquad (A.15)$$

która jest zgodna z równoważną gęstością masy promieniowania CMB , $\rho_r > 2\times 10^{-31}\,(kg/m^3)$ oszacowaną przez Fang Li Zhi [11].

R. Tomaschitz podał gęstość spektralną gazu idealnego tachionów w przestrzeni, na podstawie wektorowego równania dla tachionów typu Proca za pomocą zwykłej kwantyzacji pudełkowej, jako [12].

$$\rho(\omega)d\omega = \frac{V}{\pi^2\hbar}\frac{\hbar\omega(p)|p|^2 d|p|}{\exp[\hbar\omega(p)/(k_B T(\tau))]-1}\ , \qquad (A.16)$$

gdzie V p jest objętość przestrzeni i moment pędu tachionu. Od której można uzyskać gęstość spektralną promieniowania tła tachionu poprzez

$$\rho(\omega)d\omega = \frac{\hbar\omega^3}{\pi^2 c^3}\frac{\sqrt{1+m_*^2 c^4/\hbar^2\omega^2}}{\exp(\hbar\omega/(k_B T))-1}d\omega\ . \qquad (A.17)$$

Wprowadzając masę tachionu podaną w równaniu (A.9) do tego równania, gęstość masy promieniowania tachionowego staje się

$$\rho_t = \int_{\omega_1}^{\omega_2}\frac{\sqrt{7}\hbar\omega^3}{2\pi^2 c^5}\left[\exp\left(\frac{\hbar\omega}{k_B T}\right)-1\right]^{-1} d\omega = 6.15\times 10^{-31}\ (kg/m^3),\ (A.18)$$

która jest zbliżona do wartości uzyskanej przez teorię autora.

Dlatego większość energii z tachionowego promieniowania tła tworzonego w przestrzeni kosmicznej pochodzi z promieniowania elektromagnetycznego tworzonego przez efekt Cherenkova. Stąd zdumiewająca jednorodność mikrofalowego tła kosmicznego obserwowanego przez satelitę COBE można wyjaśnić tym, że promieniowanie CMB pochodzi z samej przestrzeni kosmicznej.

Dla dalszej interpretacji tego rezultatu rozważamy sugestię S. Berkovicha dotyczącą "paradygmatu chmury obliczeniowej", w której podane jest eleganckie, konstruktywne rozwiązanie problemu organizacji umysłu.

W swoim artykule definiuje on sytuację, w której poszczególne mózgi nie są samodzielnymi komputerami, lecz zbiorowymi użytkownikami, którzy mają wspólny dostęp do części holograficznej pamięci Wszechświata [13]. Zaproponował, że CMB nie ma nic wspólnego z resztkami promieniowania pozostałymi po Wielkim Wybuchu. Twierdził natomiast, że CMB nie jest niczym innym jak szumem wynikającym z operacji zapisu w pamięci holograficznej Wszechświata. Takie holograficzne operacje zapisu wymagałyby pewnego rodzaju uniwersalnej szybkości taktowania dla tych operacji. Ponieważ wirtualne pary cząsteczek nadluminescencyjnych są tworzone i unicestwiane w próżni w krótkim, skończonym okresie czasu zgodnie z zasadą niepewności, moglibyśmy logicznie uznać ten okres czasu za zegar dla tych operacji.

Możemy zatem stwierdzić, że postrzeganie promieniowania tła kosmicznego jako aktywności próżni ZPF może być dokładniejsze i mieć szersze konsekwencje niż obecny model inflacji Big Bang.

Dodatek B

Kardynalność mechaniki kosmiczno-czasowej Continuum i Quantum Mechanics

Podstawową właściwością mechaniki kwantowej jest to, że można określić jedynie prawdopodobieństwo wystąpienia procesów kwantowych, a ruchu cząstki elementarnej nie da się dokładnie określić. Ponadto falowy aspekt dualizmu cząstka-fala w mechanice kwantowej może wykazywać wiele niezwykłych cech, takich jak nie-lokalność, splątanie i korelacja stanów kwantowych. To rodzi pytanie, czy pojawienie się prawdopodobieństwa w procesach kwantowych jest wynikiem naszej nieznajomości właściwych zmiennych opisujących układ, czy też nie. Idea ta sugeruje, że mogą istnieć ukryte zmienne, które naprawdę kontrolują dokładny czas i miejsce przeniesienia procesów kwantowych. Z tego punktu widzenia zjawiska kwantowe mogą być całkowicie określone za pomocą ukrytych zmiennych [1]. Istnieją jednak teoretyczne argumenty, które sprawiają, że jest mało prawdopodobne, aby takie ukryte zmienne istniały.

Celem niniejszego załącznika jest przeformułowanie kwestii ukrytych zmiennych w mechanice kwantowej w stosunku do nie-deterministycznych właściwości mechaniki kwantowej jako odpowiednika kwestii hipotezy kontinuum Cantora w stosunku do propozycji Freilinga, co prowadzi do zaprzeczenia hipotezy kontinuum Cantora, dając tym samym solidny kontekst matematyczny do dyskusji.

B.1 Propozycja uwolnienia i odrzucenie hipotezy o podciśnieniu ciągłym

Hipoteza kontinuum Kantora (CH) głosi, że między liczbami całkowitymi a rzeczywistymi nie ma kardynałów. Współczesna matematyka utrzymuje, że hipoteza ta nie może być uznana za prawdziwą lub fałszywą na podstawie aksjomatów teorii zbioru Zermelo-Fraenkel, znanej jako ZFC [2].

W przeciwieństwie do tego twierdzenia Chris Freiling argumentował, że negacja CH może być rzeczywiście wyprowadzona z tej propozycji, argumentu, który stał się znany jako aksjomat symetrii Freilinga, który można opisać następująco [3]:

(Propozycja Freilinga)

Załóżmy, że mielibyśmy rzucać losową rzutkę na prawdziwą linię liczbową, a następnie drugą rzutkę. Drugi dart nie będzie w zestawie licznika przypisanego do pierwszego dart, co z kolei można opisać następującą propozycją;.

$$A_{\aleph_0}\ \forall f: R \to R_{\aleph_0}, (\exists x_1, x_2) x_2 \notin f(x_1) \wedge x_1 \notin f(x_2)\ :\ ,$$

gdzie funkcja $f: R \to R_{\aleph_0}$ przypisuje każdemu z nich rzeczywisty zestaw liczników. Na podstawie tej propozycji udowodnił następujące twierdzenie:

Theorem of ZFC: $A_{\aleph_0} \Leftrightarrow \neg CH$.

Oznacza to, że drugi dart nie będzie w zestawie licznikowym przypisanym do pierwszego dart. Poprzez zastąpienie dart przez cząstkę punktową, możemy w przypadku mechaniki kwantowej zastąpić go wyrażeniem (A), pokazanym poniżej;

A) Druga cząstka elementarna emitowana na ekranie docelowym nie będzie znajdowała się w zbiorze zliczalnym przypisanym do pierwszej cząstki emitowanej na ekranie docelowym.

B.2 Position of the Particle Predicted by the Schrodinger's Equation

From the Schrodinger's equation of the elementary particle given by

$$\hat{H}\psi = i\hbar\frac{\partial\psi}{\partial t}, \qquad \text{(B.1)}$$

gdzie $\hat{H}$ jest hamiltonistą i ψ jest funkcją falową cząstki, położenie cząstki można przewidzieć poprzez

$$\langle \mathbf{r} \rangle = \langle \psi | \mathbf{r} | \psi \rangle\ , \qquad \text{(B.2)}$$

wykorzystując notację bra-ket, gdzie znajduje się $\mathbf{r}$ wektor położenia cząstki [4].

Jeśli przyjmiemy podstawę $|r_i\rangle$, która odpowiada wartości własnej r_i $\mathbf{r}$, możemy napisać

$$\langle r_i | \psi \rangle = \sum_{k=1} c_k \langle r_i | r_j \rangle = c_i \quad . \qquad \text{(B.3)}$$

Z tego równania możemy uzyskać oczekiwaną wartość pozycji dla cząstki podanej przez

$$\langle \mathbf{r} \rangle = \langle \psi | \mathbf{r} | \psi \rangle = \sum_{k=1}^{N} r_k \langle r_k | \psi \rangle \langle \psi | r_k \rangle = \sum_{k=1}^{N} r_k \langle r_k | \psi \rangle^* \langle r_k | \psi \rangle$$

$$= \sum_{k=1}^{N} c_k c_k^* r_k \quad . \qquad \text{(B.4)}$$

Z eksperymentu z podwójną szczeliną (Rys.1) wynika, że cząstki wykazują właściwości falowe nawet w przypadku, gdy cząstki elementarne są emitowane jedna po drugiej ze źródła i tylko jedna cząstka przechodzi przez szczelinę jednocześnie.

Ten wynik eksperymentu pokazuje, że funkcje falowe cząstek korelują ze sobą nawet dla pojedynczego przypadku cząstek.

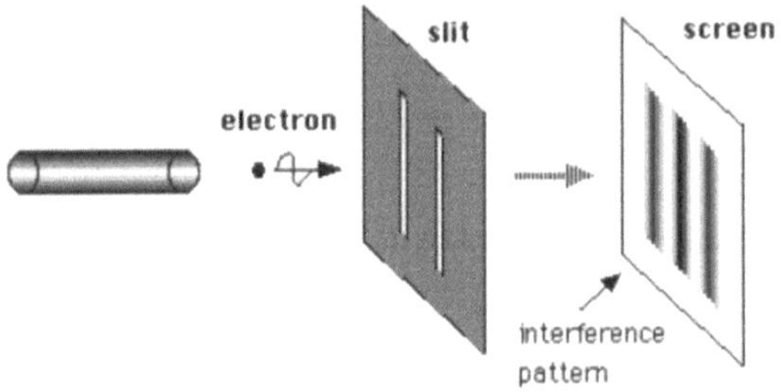

Rys.1 Eksperyment z podwójnymi szczelinami dla cząstek elementarnych.

Rozważmy teraz przypadek, że druga cząstka jest emitowana ze źródła następującego po pierwszej cząstce. Zakładając, że dla pierwszej cząstki jest to funkcja falowa, a $\psi_A \, \psi_B$ dla drugiej cząstki funkcja falowa, to funkcję falową dla tych cząstek razem wziętych można opisać za pomocą $\psi = \psi_A + \psi_B$.

Z których można uzyskać ich pozycje od

$$\langle \mathbf{r} \rangle = \langle \psi | \mathbf{r} | \psi \rangle = \sum_{k=1}^{N} (A_k^2 + B_k^2 + A_k B_k^* + A_k^* B_k) r_k \,, \qquad \text{(B} \quad \text{.5)}$$

gdzie $A_i \; \psi_A \; \psi_B$ i jakie B_i są amplitudy fal odpowiednio.

W przypadku alternatywnym, zamiast probabilistycznej natury mechaniki kwantowej, załóżmy teraz, że położenie cząstki można określić za pomocą równania (B.5), jak twierdzi teoria ukrytych zmiennych.

Jeśli jest to C zbiór numerów złożonych i ω jest to najmniej nieskończona liczba porządkowa, która jest identyfikowana z numerem kardynalnym $\aleph_0$, to istnieje mapowanie, φ które spełnia wymagania zgodnie z $\varphi : C^{\omega} \to R$ teorią zbioru. Niech wartość własna wektora pozycji będzie $\mathbf{r}$ i r_k $y = \{B_k\} \in C^{\omega}$ wtedy możemy zdefiniować funkcję y liczb rzeczywistych, które mogą być pokazane jako

$$g_A(y; \mathbf{r}, N) = \sum_{k=1}^{N} (A_k^2 + B_k^2 + A_k B_k^* + A_k^* B_k) r_k \,. \qquad \text{(B.6)}$$

Z którego możemy wygenerować funkcję, gdzie $f(x) = g_A(\varphi^{-1}(x); \mathbf{r}, N)$ $x \in R$, i gdzie φ^{-1} jest odwrotne mapowanie φ.

Wykonując obliczenia zgodnie z równikiem (B.6) dla każdej liczby zadowalającej $N \leq \omega$, funkcja f może przypisać każdą liczbę rzeczywistą x odpowiadającą pierwszej cząstce z policzalnego zbioru liczb rzeczywistych odpowiadających pozycjom drugiej cząstki, co oznacza, że pozycja drugiej cząstki elementarnej na ekranie docelowym będzie znajdować się w policzalnym zbiorze przypisanym do pierwszej cząstki.

Przy założeniu, że równanie (B.5) jest deterministyczne, propozycja Freilinga $A_{\aleph_0}$ staje się fałszywa i w ten sposób możemy uzyskać $\neg A_{\aleph_0} \Rightarrow CH$, co prowadzi do potwierdzenia hipotezy kontinuum Cantora, z twierdzenia Freilinga o ZFC; $A_{\aleph_0} \Leftrightarrow \neg CH$.

Jednak z niedeterministycznej właściwości mechaniki kwantowej wynika, że równanie (B.6) nie jest deterministyczne, stąd hipoteza kontinuum Cantora jest uważana za fałszywą z punktu widzenia mechaniki kwantowej, co prowadzi do wniosku, że istnieje pośredni kardynał między liczbami całkowitymi i rzeczywistymi.

Dlatego też nie-deterministyczna właściwość mechaniki kwantowej daje zaprzeczenie hipotezy kontinuum Cantora, wspierającej propozycję Freilinga.

Ma to również konsekwencje dla Hipotezy Próżniowej Kontynuowanej (CH).

Godel uważał, że CH jest fałszywe i próbował udowodnić negację CH z dużych aksjomatów kardynalnych, ale później udowodniono, że są one niezależne od CH. Jednak używając stwierdzenia o prawdopodobieństwach Freiling przedstawił dowód przeciwko CH, a mianowicie, że negacja CH jest równoważna z propozycją Freilinga.

Z wyników uzyskanych na podstawie powyższych argumentów przy użyciu propozycji Freilinga wynika, że istnieje silny związek pomiędzy kardynalnością contunuum a niedeterministyczną właściwością mechaniki kwantowej.

Na koniec krótko rozważamy pracę Olivera Finkela [5], który udowodnił, że istnieją tylko trzy możliwości kardynała uzu uzupełnienia słownika ωL(A), przyjmując automat A czytający nieskończone słowa.

Jedną z trzech możliwości jest to, że istnieje model o kardynalnym charakterze $\aleph_1$ $\aleph_0 < \aleph_1 < 2^{\aleph_0}$, który może wykazać, że istnieje system hiperkomputerowy większy niż nasz schemat obliczeń policzalnych.

Wynik ten pozwala na ewentualne istnienie wielu alternatywnych modeli obliczeniowych, a także może pozwolić na istnienie domeny, "dalekiej strony", w której alternatywna arytmetyka zastępuje konwencjonalną arytmetykę, w której istnieje "Ciemne liczby całkowite", jak zaproponował Greg Egan w swojej opowieści science fiction [6].

Rys.2 Czy $\aleph_0 < \aleph_1 < 2^{\aleph_0} = c$ w strukturze czasoprzestrzeni istnieje pośrednia kardynalność? [7]

Ta intrygująca możliwość sugeruje możliwe przyszłe badania, które pozwolą na dalsze zbadanie podobieństw między teorią zbiorów, teorią liczb i mechaniką kwantową.

Referencje

Rozdział.1

[1] G. Feinberg, Możliwości szybszych niż lekkie cząstek, Phys.Rev.,159, 1967; 1089-1101.

2] R. J. Szabo, An Introduction to String Theory and D-brane Dynamics, Imperial College Press, Londyn, 2004.

[3] K.Scharnhorst, On Propagation of Light in the Vacuum between Plates, Physics Letters B, Vol.236, No.3, 1990; 354-359.

[4] R. Y.Chiao, P.G. Kwiat i A.M. Steinberg, Faster than Light?, Scientific American (sierpień 1993); 52-60.

5] G.Nimitz, A.A.Stahhofen, Makroskopowe naruszenie szczególnej względności, arXiv:0708.0681v1 (5. VIII 2007).

[6] B.McLaughlin, Neutrinos and the Speed of Light-A Primer on the CERN Study at http://www.wired.com/geekdad/2011/09, (Sept.26.2011).

[7] T.Adam i inni, Pomiar prędkości neutrina za pomocą detektora OPERA w wiązce CNGS, na stronie http://arXiv.org/abs/1109.4897 (2011).

[8] H.Holzschuh, M.Fritschi i W.Kundig, Pomiar masy neutrina elektronowego z rozpadu beta trytu, Physics Letters B287, 1992; 381-388.

Ch. Weinheimer, M. Przyrembel, H. Backe, H. Barth, J. Bonn, B. Degen, Th. Edling,

H.Fischer, L.Fleischmann, J.U.Groo β , R.Haid, A.Hermanni, G.Kube,

P.Leiderer,

Th.Loeken, A.Molz, A, R.B.Moore, A.Osipowics, E.W.Otten, A.Picard, M.Schrader.

i M.Steininger, Improved limit on the electron-antineutrino rest mass from tryt

β -decay,Physics Letters B300,1993; 210-216.

[10] H.Kawakami, S.Kato, T.Ohshima, S.Shibata, K.Ukai, N.Morikawa, N.Nogawa,

K.Haga, T.Nagafuchi, M.Shigeta, Y.Fukushima i T.Taniguchi, New upper bound on the electron anti-neutrino mass, Physics Letters B,Vol.256,No.1, 1991; 105-111.

R.G. H,Robertson, T.J.Bowles G.J.Stephenson.Jr, D.L.Wark, J.F.Wilkerson and D. A.Knapp, Limit masowej obserwacji β rozkładu molekularnego trytu, Physical Review Letters, Vol. 67,No. 8, 1991; 957-960.

W.Stoeffl i D.J. Decman, Anormalna struktura w rozpadzie beta gasous molecular tritium, Physical Review Letters,Vol. 75,No.18, 1995; 3237-3240.

[13] E.Recami Niektóre informacje na temat czterech eksperymentalnych sektorów fizyki, w których wydają się pojawiać ruchy nadświetlne, prywatna komunikacja (Recami@mi.infn.it, Recami@turing.unicamp.br)

[14] J.Brown, Faster than the speed of light, New Scientist.146, (Apr.1995);26-30

15] A. M.Steinberg, P.G.Kwait i R.Y.Chiao, Measurement of the singlephoton tunneling time,Vol.71,Num.5,Physical Review Letters, 1993; 708-710.

Rozdział.2

[1] O.Bilaniuk i E.C.G., Sudarshan, Cząstki poza barierą światła, Physics Today, (maj 1969); 43-51.

[2]. C. Balty, G. Feinberg, N. Yeh i R. Linsker, Search for uncharged faster than-light particles,Phys.Rev.,1,1970; 759-770.

J.S.Danburg, G.R.Kalbfleisch, S.R.Borenstein, R.C.Straud, V.Vanderburg, J. W.Chapman, i J.Lys, Search for jonizing tachyon pair from 2.2-GeV/c K--p interactions, Phy.Rev.D,4, 1971; 53-65.

4] R. W. Clay, P. C. Crouch, Possible observation of tachyons associated with extensive showerers, Nature,248, 1974; 28-30.

5] T.Musha, Possible existence of faster than light phenomena for highly accelerated elementary particles, Speculations in Science and Technology, 21, 1998; 29-36.

[6] A. I. Jyukov, Wprowadzenie do teorii względności, Narodowa Kultura Fizyka-
Biblioteka Matematyczna, Moskwa, 1961 (po rosyjsku)

7] Francuzi, A.P.i E.F.Taylor, Wprowadzenie do fizyki kwantowej, M.I.T. Introduductory Physics Series, MIT Press, 1978.

[8] T. Musha, Another possibility of sonoluminescence due to the Cherenkv radiation from the ZPF field in a water bubble, Natural Science, Vol.3, No.3, 2011; 249-254.
[9] T.Musha, The Possibility of Neutrinos Detected as Tavhyons, Journal of Theoretics, Vol.6-1, 2004; 1-7.
10] M.Park i Y.Park, On the foundation of the relativistic dynamics with the tachyon, IL Nuov Cimento,Vol.111,No.11, 1996; 1333-1368.
R. L. Forward, Faster-Than-Light, Analog Science Fiction and Fact, vol. CXV,No.4, 1995; 30-50.
[12] H.Holzschuh, M.Fritschi i W.Kundig, Pomiar elektronu
masa neutrin z rozpadu beta trytu, Physics Letters B287,1992; 381-388.

Ch. Weinheimer, M. Przyrembel, H. Backe, H. Barth, J. Bonn, B. Degen, Th. Edling,

H.Fischer, L.Fleischmann, J.U.Groo β , R.Haid, A.Hermanni, G.Kube,

P.Leiderer,
Th.Loeken, A.Molz, R.B.Moore, A.Osipowics, E.W.Otten, A.Picard, M.Schrader,
i M.Steininger, Udoskonalony limit masy spoczynkowej antyneutrin elektronowych z

tryt β - gnicie, Fizyka Litery B300, 1993; 210-216.

[14] H.Kawakami, S.Kato, T.Ohshima, S.Shibata, K.Ukai, N.Morikawa, N.Nogawa,
K.Haga, T.Nagafuchi, M.Shigeta, Y.Fukushima i T.Taniguchi, Nowa górna granica masy antyneutrin elektronowych, Fizyka litery B,Vol.256,No.1,1991; 105-111.
R.G. H. Robertson, T.J. Bowles, G.J. Stephenson Jr, D.L. Wark, J.F. Wilkerson i...

D. A.Knapp, Limit on mas observation of the β decay of molecular tritium,

Physical Review Letters, Vol.67,No.8, 1991; 957-960.
[16] W.Stoeffl i D.J.Decman, Anomalous structure in the beta decay of gasular molecular tritium, Physical Review Letters,Vol.75, No.18,1995, 1995; 3237-3240.

[17] I.Alexeev, K.Y.Kim, H.M.Milchberg, Measurement of the Superluminal Group Velocity of an Ultrashort Bessel Beam Pulse, Phys. Rev.Lett., 88, 2002; 073931-4.
[18] J.Brown, Faster than the speed of light, New Scientist.146 (Apr.1995), 26-30
A. M. Steinberg, P. G. Kwait, R. Y. Chiao, Measurement of the single-photon tunneling time, Phys. Rev. Lett, 71, 1993; 708-711.
20] L. J.Wang, A.Kuzmich, A.Dogariu, Gain-assisted superluminal light propagation, Nature, 406, 2000; 277-279.

Rozdział.3

[1] T.Ord, The many forms of hypercomputation, Applied Mathematics and Computation, 178, 2006; 143-153.
[2] J. D. Hamkins i A. Lewis, Infinite time Turing machines, Journal of Symbolic Logic, 65(2), 2000; 567-604.
[3] R. P. Feynman, Feynman Lectures on Computation , Penguin Books, London, 1996...
[4] S.Llyod, Ultimate physical limit to computation, Nature, vol.406, 2000; 1047-1054.
[5] E.Recami, A bird's-eye view of the experimental status of theart for superluminal motions, Foundation of Physics 32, 2001; 1119-1135.
[6] J.Brown, Faster than the speed of light, New Scientist.146, 1995; 26-30.
7] A. M.Steinberg, P.G.Kwait i R.Y.Chiao, Measurement of the singlephoton tunneling time, Physical Review Letters, 71(5), 1993; 708-711.

[8] L. J.Wang, A.Kuzmich i A,Dogariu, Gain-assisted superluminal light propagation, Nature 406, 2000; 277-279.
[9] T.Musha. Możliwość Hiperkomputacji przy użyciu Superluminalnych cząstek elementarnych, Postępy w Informatyce i Inżynierii, 8(1), 2012, 57-67, Również w; Możliwość Hiperkomputacji z punktu widzenia Cząstek Nadświetlnych, Teoria i Zastosowania Matematyki i Informatyki, tom 3, nr 2. 2013; 120-128.
[10] M. Park i Y. Park, Na fundamencie dynamiki relatywistycznej z tachionem,

Nuovo Cimento, Vol.111B,N. 11, 1996; 1333-1368.
11] T. D. Kieu, Hiperkomputacje z kwantowymi procesami adiabatycznymi, Theoretical Computation Science, 317, 2004; 93-104.
12] D.van Melkebeet, Randomness and Completeness in Computational Complexity, (Lecture Notes in Computer Science), Springer, wydanie 2000, 2001.
[13] S. Berkovich, Uzyskiwanie niewyczerpanej czystej energii za pomocą rezonansu parametrycznego przy nielokalnym taktowaniu; www.chronos.msu.ru/RREPORT/berkovich_.
prime_energy.pdf , (21.09.2010).
[14] D.D. Georgiev, On the dynamic timescale of mind-brain interaction, Proceeding of Quantum Mind II: Consciousness, Quantum Physics and the Brain, Tucson, Arizona, 15 (March, 2003).
[15] T. Musha, A study on the possibility of high performance computation using quantum tunneling photons, Int. J. Simulation and Process Modeling, 2(1/2), 2006; 63-66.
16] T.Musha, Superluminal Effect for Quantum Computation that Utilises Tunneling Photons, Physics Essays, 18 (4), 2005; 525-529.
17] T.Musha, Possibility of High Performance Quantum Computation by Superluminal Evanescent Photons in Living Systems, Bio Systems 96, 2009; 242-245.
[18] R.Dutheil i B.Dutheil, L' homme superlumineux , Sand, Paryż, 1992.

Rozdział.4

1] R. P. Feynman, Feynman Lectures on Computation, Penguin Books, Londyn, 1999.
2] G. P.Berman, G.D.Doolen, R.Mainieri, V.I.Tsifrinovich, Introduction to Quantum Computers, World Scientific Publishing Co. Pte. Co. Pte. Ltd. Singapur, 1998.
M. A.Nielsen, I.Chuang, Quantum Computation and Quantum Information, Cambridge University Press, Cambridge, 2000.
4] A. M.Ben-Amram, The Church-Turing Thesis and its Look Alikes, SIGACT

News, 3(13), 2005; 113-116.
I. I. Smolyaninov, A. V. Zayats, A. Gungor, C. C. Davis, Single Photon Tunneling, 2004. Dostępny pod adresem: http://arXiv.org/PS-cache/cond-mat/pdf/0110/0110252.pdf.
C. T. Whipple, Nano Switching w Optical Near-Field, Eye on Technology, magazyn oe. 2002. Dostępne na stronie: http://www.oemagazine.com/ w The Magazine/mar02/pdf/eyeontech.pdf.
[7] P. Benioff, Quantum mechanical models of Turing machines that dissipates no energy, Physical Review Letters, Vol.48, No.23, 1982; 1581-1585.
[8] N.Margolus i L.B.Levitin, The maximum speed of dynamical evolution, Physica D, 120,1998; 188-195.
9] T. Musha, A study on the possibility of high performance computation using quantum tunneling photons, Int.J. Simulation and Process Modeling, Vol.2, Nos.1/2, 2006; 63-66.
M.Jibu, K.H.Pribram, K.Yasue, From Conscious Experience to Memory Storage and Retrieval: The Role of Quantum Brain Dynamics and Boson Condensation of Evanescent Photons, Int. J. Mod. Phys. B, Vol. 10.No. 13&14, 1996;1753-1754.
[11] T.Musha, Superluminal Effect for Quantum Computation that Utilises Tunneling Photons, Physics Essays, Vol.18, No.4, 2005; 525-529.
12] R. Y.Chiao, J.M.Hickmann i D.Soli, Faster-than-Light Effects and Negative Group Delays in Optics and Electronics, and their Applications, 2001. Dostępne na stronie http://arXiv.org/abs/cs/0103014.
S.Haroche, J-M.Raymond, Quantum Computing: Dream or Nightmare?, Physics Today, Vol.49, No.8, 1996; 51-52.
[14] J. Gea-Banacloche, Fundamental limit to quantum computation: the energy cost of precise quantum logic, Mathematical Sciences, No.508, Tokyo, Saiensu Co.Ltd, 2005; 47-57.
15] T.Musha, Possible of high performance quantum computation by superluminal evanescent photons in living systems, BioSystems 2009, 96; 242-245.
16] M.Jibu, S.Hagan, S.R.Hameroff; K.H.Pribram i K.Yasue, Quantum optical coherence in cytoskeletal microtubules: implications for brain function, Biosystems, 32 (3), 1994; 195-209.
[17] J. Satinover, The Quantum Brain, John Wiley & Sons, Inc., Nowy Jork,

USA, 2001.

[18] G.Albrecht-Buehler, Rudymentarna forma "widzenia" komórkowego, Proc.Natl Acad Sci. USA, 89(17), 1992; 8288-8292.

S. Hameroff, J. Tuszynski, Stany kwantowe w białkach i zespołach białkowych: The essence of life?, Konferencja SPIE, Grand Canary Island, maj 2004.

[20] M.Jibu; K.Yasue, What is mind?-Quantum Field Theory of Evanescent Photons in Brain as Quantum Theory of Consciousness, Informatica, 21, 1997; 471-490.

[21] M.Jibu, K.Yasue, S.Hagan, Evanescent (tunelowanie) widzenia fotonowego i komórkowego, Biosystems, 42, 1997; 65-73.

S. R. Hameroff, J. Tuzynsli, Stany Kwantowe w białkach i zespołach białkowych: Esencja życia?, Konferencja SPIE, Wielka Wyspa Kanaryjska, maj, 2004.

23] S. R. Hameroff i R. Penrose, Conscious Events as Orchestrared Space-Time entanglement, Selections, Journal of Consciousness Studies, Vol.3, 1996; 36-53.

S. R. Hameroff, Information Processing in microtubules, J. Theor. Biol. 98, 1982; 549-561.

E. Del Guidance, S.Doglia and M.Milani, Electromagnetic field and Spontaneous Symmetry Breaking Biological Matter, Nuclear Physics, B257, 1986; 185-199.

G.Vitiello, Dissipation and memory capacity in the quantum brain model, Int.J.Mod.Phys.B, Vol.9, Issue.8,1995; 973-989.

[27] J. Faber, R.Portugal i L.P.Rosa, Information processing in brain microtubles, Biosystems, 83, 2006; 1-9.

28] M.Tegmark, Importance of quantum coherence in brain processes, Physical Reviews E, Vol.61, 2000; 4194-4206.

29] W. G. Unruh, Maintaining coherence in quantum computers, Physical Review A. Vol..51, No.2, 1995; 992-997.

[30] S. Hagan, S.R. Hameroff, J. Tuszynski, Obliczenia kwantowe w mikrotublach mózgu: Decoherence and biological feasibility, Physical Review E, Vol.65, 2002; 061901-1-11.

31] S. R. Hameroff, J. J. Tuzynsli, Search for quantum and classical mode of information processing in microtubles (Bioenergitic Organization in Living

Systems), World Scientific, Singapur, 2003.
[32] W.Bialek i A.Schweitzer, Quantum noise and the Threshold of Hearing, Physical Review Letters, 54(7), 1987; 725-728.
[33] T. Musha, A study on the possibility of high performance computation using quantum tunneling photons, Int. J. Simulations and Process Modeling, Vol.2, Nos.1/2, 2006; 63-66.
34] S. R. Hameroff, A new theory of the origin of cancer: quantum coherent entanglement, centrioles, mitosis, and differentiation, Biosystems, Vol.77, Issues 1-3, 2004; 119-136.
L. Diosi, Instrict Time Uncertainties i Decoherence: Porównanie 4 modeli, Brazilian Journal of Physics, Vol.35, No.2A, 2005; 260-265.
[36] M.Ouyang i D.D.Awschalom, Coherence spin transfer between molecular bridged quantum dots, Science, 301, 2003; 1074-1078.
R. Penrose, The Large, the Small and the Human Mind, Cambrigde University Press, Cambridge, 1999.

Rozdział.5

M.Talbot, The Holographic Universe, Harper Perennial, New York, NY, USA, 1991; 23-24.
2] K.H.Pribram, M.Nuwer, R.J.Baron, The Holographic Hypothesis in Memory Structure in Brain Function and Perception, In Contemporary Development in Mathematical Psychology.; Atkinson, R.C.; Krantz, S.H.; Luce, R.C.; Suppes, P. , Eds.; W.H.Freeman & Co., San Francisco, USA, 1974; 416-467.
S. R. Hameroff, Przetwarzanie informacji w mikrotubule, J. Theor. Biol. 98, 1982; 549-561.
D. Georgiev, Bose-Einstein, kondensacja tunelujących fotonów w korze mózgowej jako mechanizm świadomego działania. Dostępny na stronie internetowej: http://cogprint/3539/01/tunneling.pdf (31 marca 2004 r.).
D. Georgiev, Quantum computation in the neuronal microtubules: quantum gates, ordered water and superradiance [5]. Dostępne online: arxiv.org/abs/quant-ph/0211080 (16 kwietnia 2004 r.).
[6] T.Smith, Świadomość Kwantowa. Woda, Prędkość światła i Mikrotubule. Dostępne online: http://www.innerx.net/personal/tsmith/QuanCon2.html (31

marca 2003 r.).
[7] V.G.Veselago, The Electrodynamics of substances with simultaneously negative values of and ε μ, Soviet Physics Uspekhi, Vol.10, 1968; 509-514.
B.Ung, Metamaterials: Metareview. Dostępny na stronie internetowej: www.polymtl.ca/doc/art_2_2.pddf (23 listopada 2009 r.)
9] V.Veselago, L.Braginsky, V.Shklover i C.Hafner, Negative Refractive Index Material, Journal of Computational and Theoretical Nanoscience, Vol.3; 2006, 1-30.
10] M.Jibu, S.Hagan, S.R.Hameroff, K.H.Pribram i K.Yasue, Quantum optical coherence in cytoskeletal microtubules: implications for brain function, Biosystems, 32 (3), 1994; 195-209.
[11] J. Satinover, The Quantum Brain, John Wiley & Sons, Inc., Nowy Jork, USA, 2001.
[12] G.Albrecht-Buehler, Rudymentarna forma "widzenia" komórkowego, Proc.Natl Acad Sci. USA, 89(17), 1992; 8288-8292.
13] S. R. Hameroff, A new theory of the origin of cancer: quantum coherent entanglement, centrioles, mitosis, and differentiation, Biosystems, Vol.77, Issues 1-3, 2004; 19-136.
[14] M.Jibu, K.H.Pribram i K.Yasue, Od świadomego doświadczenia do przechowywania i odzyskiwania pamięci: The Role of Quantum Brain Dynamics and Boson Condensation of Evanescent Photons, Int. J. Mod. Phys. B, Vol. 10.No. 13&14, 1996; 1753-1754.
[15] M.Jibu, K. Yasue, What is mind?-Quantum Field Theory of Evanescent Photons in Brain as Quantum Theory of Consciousness, Informatica, 21, 1997; 471-490.
[16] M.Jibu, K.Yasue i S.Hagan, Evanescent (tunelowanie) widzenia fotonowego i komórkowego, Biosystems, 42, 1997; 65-73.
E.Recami, A bird's-eye view of the experimental status-of-the-art for superluminal motions, Found. of Phys. 31, 2001; 1119-1135.
E.Recami, Superluminal tunelowanie przez kolejne bariery: Does QM predict infinite group velocities?, Journal of Modern Optics, Vol.51, No.6-7, 2004; 913-923.
19] T.Musha, Possible of high performance quantum computation by superluminal evanescent photons in living systems, BioSystems, 96, 2009;

242-245.
20] R. W. Ziółkowski, Superluminalna transmisja informacji przez materiał elektromagnetyczny, Phys. Rev. E, 63(4), 2001; 046604-17.
21] R. O.Claus, Noncontact Measurement of High Temperature Using Optical Fiber Sensors, Final Report, NAG-1-831 (NASA-CR-186975) Virginia Polytechnic Inst. And State Univ., VA, USA, 1990; 40-50.
22] T.Musha, Holographic View of the Brain Memory Based on Evanescent Superluminal Photons, Information, 3, 2012; 344-350.
D. Bohm, Wholeness and the Implicate Order, Routledge & Kegan Paul, Nowy Jork, 1980.

Rozdział.6

R. Penrose, The Emperor's New Mind, Oxford University Press, Oxford, 1989.
R. Penrose, Shadow of the Mind, A Search for the Missing Science of Consciousness, Oxford University Press, Oxford, 1994.
R. Penrose, The Large, the Small and the Human Mind, Cambridge University Press, Cambridge, 1999.
4] M.Jibu, K.H.Pribram i K.Yasue, From Conscious Experience to Memory Storage and Ritrieval:The Role of Quantum Brain Dynamics and Boson Condensation of Evanescent Photons, International Journal of Modern Physics B, Vol.10.No.13&14,1996; 1753-1754.
[5] E.Del Giudice, S.Doglia i M.Milani, Electromagnetic field and Spontaneous Symmetry breaking in Biological Matter, Nuclear Physics B.275, 1986, 185-199.
[6] E.Recami, A bird's-eye view of the experimental status of theart for superluminal
Ruchy, Znalezione. Fizyczne. Nr 31, 2001; 1119-1135.
[7] R. W. Ziółkowski, Superluminalna transmisja informacji przez metamateriał elektromagnetyczny, Phys. Rev. E 63, 2001; 046604-17.
E.Lazlo, Science and the Akashic Field. [8] An Integral theory of Everything, Inner Traditions, Vermont, 2004.
[9] G. Feinberg, Możliwość występowania cząstek szybszych niż lekkie, przegląd fizyczny, Vol.159, No.5, 1967; 1089-1100.

[10] W.H. Zurek, Decoherence i Transtion od Quantum do Classical-Revisited, .Los Alamos Science, No.27, 2002; 86-109.

11] T.Musha, Possible of high performance quantum computation by superluminal evanescent photons in living systems, BioSystems, Vol.96, 2009; 242-245.

A.Seto, T.Yamamoto, B.Nakazato i T.Hisamitsu, Wpływy Świadomości na proces losowy kwantowy w tranzycie elektronowym, przebieg sympozjum w Instytucie Kanazawa, 95, Japońskie Towarzystwo Fizyki Stosowanej (Jesień, 1995); 331.

[13] Anonimowe, Przełomowe w elektronowym sprzężeniu zwrotnym Quantum Computers Close to Reality, NSF, www.nsf.gov/discoveries/dsisc_summ.jsp?cntn_id=116456.

14] T. Musha i T. Sugiyama, Possible to Realize the Brain-Computer Interface from the Quantum Brain Model Based on Superluminal Particles, Journal of Quantum Information Science, 1, 2011; 111-115.

Rozdział.7

1] R. Dutheil, B. Dutheil, L'homme superlumineux, Sand, Paris, 1992.

2] S. D.Hari, Eccles's Mind Field, Bohm-Hiley Active Information, and Tachyons, Journal of Consciousness Exploration & Research, Vol.1, Issue.7, 2010; 850-863.

R. Sheldrake, The Presence of the Past: morphic resonance and the habit of nature, Times Books, 1988, Nowy Jork, 1988.

[4] E. E. Valarino, On the Other Side of Life, Exploring the Phenomenon of the Near-Death Experience, Perseus Publishing, Cambridge, 1997.

[5] G.Hayman, prywatna komunikacja; 2013.

Wniosek

R.Kanigel, Człowiek, który znał nieskończoność: A Life of the Genius Ramanujan, Chasrles Scriber's Sons, New York, 1991.

2] O.Finkel, Some Problems in Automata Theory Which Dependence on the

Model of Set Theory, RAIRO-Theoretical Informatics and Applications, Vol.45, Issue.04, 2011; 383-397.
3] T.Musha, Possibility to Realize a Hypercomputational System from the Postpoint of Superluminal Particles, 2nd International Workshop on Brain Inspired Computing, 2012, National Institute for Material Science, Tsukuba, Japonia (czerwiec 2012).

Załącznik.A

[1] http://aether.lbl.gov/www/projects/cobe.
P.Coles, G.F.R.Ellis, Czy wszechświat jest otwarty czy zamknięty? (The Density Matter in the Universe, Cambridge Lecture Notes in physics, Cambridge University Press, Cambridge, 1997.
[3] R. J. Szabo, Wstęp do teorii strun i dynamiki dźwigu D", Imperial College Press, Londyn, 2004.
[4] H. E. Puthoff, Gravity as a zero-point-fluctuation force, Physical Review A, 39,5, 1989; 2333-2342.
[5] T.Musha, Możliwe istnienie szybszych od światła zjawisk dla wysoce przyspieszone cząstki elementarne, Spekulacje w nauce i technice 21, 1998; 29-36.
[6] M.Park, Y.Park, Na fundamencie dynamiki relatywistycznej z tachionem," Nuovo Cimento,111B,N.11, 1996; 1333-1368.
[7] T.Musha, Kosmiczne promieniowanie tła spowodowane promieniowaniem Cherenkova z zeropunktowego pola próżni, Journal of Space Exploration, Vol.2-1, 2013; 73-77.
L. H. Anderson, A Physicist's Desk Reference, The Second Edition of Physics Vade Mecum, American Institute of Physics, New York, 1989.
[9] D. H. Menzel, Fundamental Formulas of Physics, Volume One, Dover Publications, Inc. Nowy Jork, 1960.
P.C. W.Davis, The Accidental Universe, Cambridge University Press, Cambridge, 1982.
[11] Fang Li Zhi i Li Shu Xian, Creation of the Universe, World Scientific Publishing Co. Pte. Ltd., Singapur, 1989.
12] R. Tomaschitz, Cosmic tachyon background radiation, International Journal on Modern Physics A,14,27, 1999; 4275-4285.

[13] S. Berkovich, Uzyskiwanie niewyczerpanej czystej energii za pomocą rezonansu parametrycznego przy zegarze nielokalnym, www.chronos.msu.ru/PREPORTberkovich_prime_energy. pdf,21 (wrzesień 2010 r.)

Załącznik.B

[1] D.Bohm, Quantum Theory, Dover Publications, Mineola, NY, 1989.

P. J. Cohen, Set Theory and the Continuum Hypothesis, Benjamin, Nowy Jork, 1966.

[3] C.Freiling, Axioms of Summary: Throwing Darts at the Real Number Line, The Journal of Symbolic Logic, Vol. 51, No.1, 1986; 190-200.

C. J.Isham, wykłady z teorii kwantowej: Podstawy matematyczne i strukturalne, World Scientific Publishing Company, Singapur, 1995.

5] O.Finkel, Some Problems in Automata Theory Which Dependence on the Model of Set Theory, RAIRO-Theoretical Informatics and Applications, Vol.45, Issue.04, 2011; 383-397.

[6] G.Egan, Luminous, Gollanz, Londyn, 2003.

R. Rucker, Infinity and the Mind; The Science and Philosophy of the Infinite, Princeton University Press, Princeton, New Jersey, 1995.

FSC
www.fsc.org
MIX
Papier | Fördert
gute Waldnutzung
FSC® C083411

Kolibri 360 GmbH
Ferdinand-Jühlke-Straße 7
99095 Erfurt, Deutschland
produktsicherheit@kolibri360.de

Druck:
CPI Druckdienstleistungen GmbH
im Auftrag der
Kolibri 360 GmbH
Ferdinand-Jühlke-Str. 7
99095 Erfurt